관음신앙·관음기도법

관음신앙 · 관음기도법

초　판　1쇄 펴낸날　1997년　4월　30일(초판 21쇄 발행)
개정판　1쇄 펴낸날　2015년　8월　15일(전면개정판)
　　　　4쇄 펴낸날　2022년　11월　2일

지은이　김현준
펴낸이　김연지
주필 및 고문　김현준
펴낸곳　효림출판사

등록일　1992년 1월 13일 (제2-1305호)
주　소　서울시 서초구 반포대로14길 30, 907호 (서초동, 센츄리 I)
전　화　02-582-6612 · 587-6612
팩　스　02-586-9078
이메일　hyorim@nate.com

값 8,000 원

ⓒ 효림출판사. 2015
ISBN　978-89-85295-97-0　03220

※표지사진 : 성보문화재연구원 제공(운문사 비로전 관음벽화)

관음신앙·관음기도법

김 현 준 지음

🙏 효림

서 문

내 나이 30대 초반이었을 때 『불교사상』이라는 잡지사로부터 원고 청탁을 받아 「관음신앙」이라는 제목으로 글을 쓴 일이 있다. 원고량이 100여 매에 불과하여 관음신앙에 대한 모든 것을 상세히 수록할 수 없었지만, 독자의 반응은 매우 뜻밖이었다. '신앙 지도를 받고 싶다'는 등의 편지, '관음기도법'에 대한 여러 가지 문의가 쇄도한 것이다. 그때 나는 조그마한 원력을 세웠다.

"누구나 쉽게 읽을 수 있고 누구나 쉽게 행할 수 있는 관음신앙 관음기도법에 대한 책을 써보리라."

뜻을 세운지 10년이 지난 1996년, 월간 「법공양」에 7회 동안 글을 연재한 다음 『관음신앙·관음기도법』이라는 제목의 책을 세상에 내어 놓았다. 반응은 매우 좋았고, 스테디셀러가 되며 7만부를 넘게 발간하였다. 또 20년이 지나자 원이 다시 샘솟았다.

 '부족한 부분들을 보충하여, 관음행자들을 위한 관음신앙의 참다운 지침서를 만들자.'

 그래서 월간 「법공양」에 2014년 말부터 9회 동안 다시 연재하여 이전의 글을 전면 개정함과 동시에, 관세음보살님과 관음기도 방법 등에 대한 다양한 내용들을 새로 소개한 다음, 한 권의 책으로 묶어 또다시 『관음신앙·관음기도법』이라는 제목으로 발간하였다.

 제목은 비록 같지만 이 책에는 20년 동안 새롭게 익힌 관세음보살님과 관음신앙과 관음기도법에 대한 내용들이 담겨있으며, 원고량도 이전 판의 약 2배에 이르고 있다.

중생의 모든 고통과 두려움을 없애 행복을 안겨주는 관세음보살님. 이때문에 불자들은 관세음보살님을 가장 많이 신봉하고 있다. 그런데 관세음보살을 신봉하고 의지하는 불자들 가운데에는 관세음보살을 단순히 '괴로움을 없애주고 복을 주는 보살'로만 알고 있는 경우가 많다. 물론 이것만으로도 관세음보살님의 자비가 기도인과 함께 할 수가 있다.

그러나 참된 기도성취를 이루기 위해서는 관세음보살님의 구원능력과 자비의 참뜻, 관음신앙의 뿌리와 관련된 경전의 내용을 잘 알아서 참된 믿음을 일으켜야 하고, 관세음보살의 자비광명을 나의 것으로 만들 수 있는 관음관법과 각종 기도법을 분명히 알아야 한다. 그래야만 기도를 올바로 할 수 있고 관세음보살님의 가피 또한 커진다.

실로 관세음보살님을 올바로 알고 기도법을 바르게 익혀, 우리의 신심이 곧바로 관세음보살께로 향할 때 관세음보살님의 자비광명도 우리에게로 향하며, 내가 행한 기도를 통하여 나와 나의 가족과 이 사회가 밝아질 수 있게 되는 것이다.

이 책에는 우리가 꼭 알아야 할 관세음보살님의 근본원력과 구원능력, 자비관음의 여러 가지 모습들, 중요 경전 속에 나타나 있는 관음관과 관음관법, 염불·독경·사경·다라니·염송 등의 다양한 관음기도법들이 상세히 실려 있다.

올바른 방법으로 행하는 기도는 올바른 결실을 가져다주는 법! 부디 이 책을 참고로 하여 관음의 자비 속에서 소원을 성취하고 향상向上의 문을 열어, 다함께 행복과 해탈세계로 들어가기를 깊이 깊이 축원드린다.

불기 2559년 8월초
金 鉉 埈

차 례

Ⅲ. 관음기도법 ···131

I
대자대비 관세음보살

관세음보살의 구원능력

고해중생이 있으면 성불하지 않으리

인연과업의 고리가 얽히고 꼬여 있는 사바세계, 참지 않으면 살아갈 수 없는 이 사바세계의 삶 속에는 항상 고난이 잠재되어 있으며, 이 고난이 중생을 슬프게 만듭니다. 중생이기 때문에 슬픈 것이 아니라, 고난이 끊이지 않기 때문에 슬픈 존재가 되어 살아갑니다.

그렇다면, 생로병사의 변멸變滅 속에 살고 있는 이 슬픈 중생을 구제할 자는 누구인가? 이 육체의 고통을, 정신적인 방황을, 이 욕망의 갈증을 풀어줄 자는 과연 누구란 말인가?

여기에 관세음보살님이 등장합니다. 흰 연꽃 위에 흰 옷을 입고 서 계신 관세음보살님이 불사不死의 감로수를 담은 감로병을 손에 들고, 우리가 살고 있는 이 사바세계에 나타납니다. 거룩한 성관음聖觀音이, 천수천안千手千眼으로 중생의 고통을 살피고 자비의 손길로 끝없는 평온으로 인도하는 천수관음千手觀音이….

대자대비大慈大悲 관세음보살. 그분은 천상天上이나 극락에 안주하고 있는 초월적인 존재가 아닙니다. 구원의 대가를 바라는 분도 아닙니다. 오직 지금 괴로움을 겪는 중생에게 해탈의 길을 열어주는 보살이요, 괴로움은 뿌리 뽑아주고 행복을 안겨주는〔拔苦與樂〕 자비의 화신이며 현세의 구제자입니다.

"만일 갖가지 고뇌를 받고 있는 무량백천만억의 중생이 관세음보살의 이름을 듣고 일심으로 그 이름을 부르면, 관세음보살은 곧바로 그들의 음성을 관하여 모두 해탈시켜 주느니라."   - 법화경 관세음보살보문품

이 구절은 관음신앙의 요점과 '관세음보살' 염불의

현실적인 이익을 단적으로 나타낸 석가모니불의 말씀입니다. 이 말씀처럼 관세음보살님은 현실 세계에서 괴로움을 겪고 있는 인간이 마음속으로 외치고 있는 음성을 듣고 응답하는 무한능력의 소유자이며, 인간의 간절한 기원과 요구를 좇아 몸을 나타내는 구세대비자求世大悲者입니다.

관세음보살님께서는 보살도菩薩道를 행할 때 다음과 같은 지극한 서원誓願을 세우셨습니다.

"어떤 중생이 정법을 잃고 갖가지 고뇌와 공포에 사로잡히고 슬픔과 외로움에 빠져 구호를 받지 못하고 아무런 일도 할 수 없을 때, 나를 생각하며 나의 이름을 부른다면, 나는 천 개의 귀로 듣고 천 개의 눈으로 보아서 그들의 고뇌를 구제하여 줄 것입니다. 만약 한 사람이라도 그 고뇌를 벗어나지 못하는 사람이 있다면 나는 영원히 성불하지 않겠나이다." - 비화경悲華經

이와 같은 서원을 세운 관세음보살님이시기에, 불교의 깊은 교리를 알고 모르고에 관계없이 고난에 처해 있는 그 어떤 중생이라도 '관세음보살'의 명호를 부르면, 중생의 원에 따라 시현示現하는 자비로운 관음의 가피를 입어 난을 피할 뿐 아니라 복까지 받을 수 있게 됩니다.

칠난과 삼독의 소멸 및 성취되는 소원

그렇다면 관세음보살의 대자대비 속에서 구제를 받을 수 있는 고난은 구체적으로 어떠한 것인가? 『법화경』보문품에서는 칠난삼독七難三毒의 구고구난救苦救難을 들고 있습니다.

첫째, 입[口]으로 관세음보살을 지성껏 부르면,
　① 불로 인한 재난[火難]
　② 물로 인한 재난[水難]
　③ 바람에 의한 재난[風難]
　④ 각종 무기로 인한 재난[劍難]
　⑤ 귀신에 의한 재난[鬼難]
　⑥ 감옥에 갇히는 재난[獄難]

⑦ 원수나 도적에 의한 재난〔賊難〕

　　등 일곱 가지 재난을 면하게 된다.

둘째, 마음〔意〕으로 관세음보살을 생각할 때는 탐욕과
　　분노와 어리석음의 삼독三毒이 녹아내려 청량을 얻
　　고 기쁨을 누리고 지혜를 이룰 수 있다.

셋째, 몸〔身〕으로 예배하고 공양하면 훌륭한 자녀를
　　얻게 된다.

　뿐만이 아닙니다. 관세음보살의 한량없는 자비와
공덕은 세간의 낙을 추구하는 자의 소원까지 저버리
지 않습니다.

　·돈을 많이 벌고 싶어하는 자
　·보물이나 논밭 등을 많이 갖기를 원하는 자
　·높은 벼슬을 바라는 자
　·착한 친구를 만나고자 하는 자
　·화합을 바라는 자
　·공덕성취를 기원하는 자
　·지혜 얻기를 바라는 자
　·뭇 사람들로부터 공경 받기를 원하는 자

· 좋은 자손 얻기를 원하는 자
· 많이 듣고 배우기를 원하는 자
· 훌륭한 언변言辯을 얻고자 하는 자
· 곡식과 과일의 풍년을 바라는 자
· 병고病苦를 없애고자 하는 자
· 어두운 눈에 광명을 얻고자 하는 자
· 잡귀雜鬼 등을 쫓아내고자 하는 자
· 일체의 천마天魔를 진압하기를 원하는 자
· 마군魔軍을 진압하려는 자
· 모든 원적怨敵을 꺾어 없애려는 자
· 원수를 물리치려는 자
· 일체의 장애가 소멸되기를 원하는 자
· 두려움을 벗어나고자 하는 자
· 관재구설이 없기를 바라는 자
· 불안으로부터의 안락을 구하는 자
· 기갈 속에서 청량함을 얻기를 바라는 자
· 용왕龍王의 구호를 바라는 자
· 귀신을 부리려는 자
· 선신善神을 만나기를 바라는 자
· 신선神仙의 도를 성취하고자 하는 자

· 천궁天宮에서 태어나고자 하는 자
· 서방 극락세계에 왕생하기를 바라는 자
· 부처님의 구원을 바라는 자
· 부처님을 친견하기 원하는 자
· 항상 부처님 곁에 있기를 원하는 자
· 미묘한 법을 성취하기 원하는 자
· 성불할 때까지 물러나지 않기를 원하는 자
· 중생을 제도하려는 자

이상과 같이 관세음보살님은 그 누구의 소원도 저버리지 않고 포용합니다. 어떠한 장애가 있는 중생이라 할지라도 일심으로 관세음보살을 염하면 관세음보살님께서는 그들의 소원을 남김없이 성취시켜주십니다.

곧 병·잡귀·마군·원적꺾기, 두려움과 불안으로부터 안락 얻기, 일체장애소멸, 풍년과 뱃길의 안전 등은 기본이요, 오늘 날의 인간들이 가장 원하는 나의 행복과 가정의 평화 이루기, 부자되기, 성공하기, 좋은 친구얻기, 공덕과 지혜의 성취까지도 관세음보살님께서는 기꺼이 도와주십니다.

더 나아가 극락왕생, 부처님을 친견하여 가까이에서 모시고자 하는 이, 성불할 때까지 물러남이 없고, 언설변재言說辯才와 미묘한 법을 성취하여 중생을 제도하려는 이들에게도 크나큰 성취를 안겨줍니다.

실로 고해의 파도를 타고 방황하는 이 사바세계의 중생에게 있어서는, '자비의 빛으로 모든 생명을 비추어 주고 구원해주는 관세음보살이 계시다'는 것 자체만으로도 크나큰 다행이 아닐 수 없습니다. 더욱이 '관세음보살'을 부르고 그 분의 대자대비에 의지하여 정념正念으로 산다면, 그보다 더 마음 든든하고 행복한 삶이 어디에 또 있겠습니까?

눈에 보이게 또는 은근히, 언제나 우리에게 자비의 손길을 뻗쳐주는 관세음보살….

하지만 관세음보살님은 우리에게 특별한 것을 요구하지 않습니다. 음식도 돈도 희생도 바라지 않습니다. 오직 바라는 것은 잡됨이 없는 순수한 마음으로, 현재 처한 어려움과 어둠의 길을 열고자 하는 간절한 한 생각만을 바랄 뿐입니다. 왜냐하면 '간절히 구하는 그 한마음이라야 그분과 우리가 하나로 합하여질 수 있기 때문'입니다.

그러므로 우리는 배고픈 어린아이가 어머니를 찾듯이, 병자가 훌륭한 의사를 찾듯이 간절한 마음으로 애타는 믿음을 일으켜 관세음보살께 의지하지 않으면 안 됩니다.

그렇다고 하여 마음이 굳고 비뚤어져 있어서는 안 됩니다. 마음을 부드럽고 곧게 하여 오로지 일심으로 귀의해야 합니다. 이렇게 일심으로 받들다 보면, 저절로 관세음보살님과 하나가 되어, 관세음보살님과 함께 말하고 함께 행동하고 함께 생활할 수 있게 됩니다.

관음신앙의 뿌리

관세음보살님의 출현

이제 관음신앙의 뿌리가 되는 관세음보살의 최초 발원發願에 관한 이야기를 함께 음미해 보고자 합니다.

관세음보살님께서 현세의 구세대비자求世大悲者로 출현하기까지에는 수많은 사연과 수행이 뒤따랐는데, 그 최초의 근본인연은 아득한 세월 전에 있었던 처절한 고난에서 비롯되었습니다.

『관음본연경觀音本緣經』에는 그때의 사연을 담은 애절한 이야기가 기록되어 있어 진한 감동을 전해주고 있습니다.

옛날 남인도의 마열바질국摩涅波叱國에는 장나장자長那長者와 마나사라摩那斯羅부인이 살고 있었습니다. 금실이 좋은 그들은 행복한 부부생활을 영위하고 있었지만, 결혼한 지 10여 년이 지나도록 자식을 두지 못했습니다. 부부는 간절한 마음을 품고 천묘신전天妙神殿으로 나아가 기도했습니다.

"제석을 비롯한 모든 천신들이여, 아무쪼록 굽어 살펴 귀한 옥동자를 내려주소서. 만일 저희에게 자식을 주신다면 많은 덕과 복을 쌓아 그로 하여금 모든 중생의 의지처가 되게 하겠나이다."

간절하고 정성스러운 이 기도가 헛되지 않아 그들 부부는 아주 잘생긴 아들을 낳았고, 3년 뒤에 또 한 명의 아들을 낳았습니다. 기쁨을 이기지 못한 장나장자는 이름 있는 관상가를 청하여 두 아들을 보였습니다.

"이 두 아이는 용모가 단정하고 여러 가지 묘한 모습을 갖추었으나, 일찍 부모를 여의게 될 운명입니다. 큰 아이는 이름을 조리早離라 하고, 작은 아이는 속리速離라 하는 것이 좋겠습니다."

관상가의 예언을 들은 이들 부부는 몹시 불안하였지만, 아이들의 재롱 속에 빠져들어 행복한 나날을 보내고 있었습니다. 그런데 조리가 일곱 살이 되었을 때 어머니 마나사라가 갑자기 병이 들어 죽고 말았습니다. 그날부터 장나장자와 어린 두 형제는 슬픔 속에서 살아야 했고, 주부가 없는 집안 살림은 엉망이 되어갔습니다.

마침내 주위 사람들의 권유에 못이긴 장나장자는 사랑하는 두 아들을 잘 키워야 한다는 일념에서 새 아내를 맞아들였는데, 죽은 아내와 모습이 비슷하고 아이들을 잘 돌보는 그녀 덕분에 장자의 집안은 오래지 않아 안온을 되찾았습니다.

그러나 그것도 잠시뿐, 어느 해 오랜 가뭄으로 큰 흉년이 들게 되자 식량이 없어 굶어죽는 이들이 계속 늘어났고, 장나장자도 식량을 구해오기 위해 이웃나라로 길을 떠났습니다. 처음 아이들을 잘 돌보았던 새어머니는 보름 만에 돌아오기로 한 남편이 한 달이 지나도 돌아오지 않자 초조해지기 시작했고, 마침내는 걷잡을 수 없는 이기심에 휩싸여 끔찍한 생각을 하게 되었습니다.

"이토록 돌아오지 않는 것으로 보아 남편은 죽은 것이 틀림없다. 나 혼자서 저 아이들을 뒷바라지하며 살아갈 수 있을까? 아니야, 저 아이들을 위해 남은 생애를 허비하기에는 내 젊음이 너무 아까워. 나도 내 인생이 있지 않은가! 더구나 남편의 유산은 모두 아이들에게 돌아가게 되어 있으니…. 나의 장래에 있어 조리와 속리는 가장 큰 장애물이요, 눈엣가시이다. 장애물은 일찍 제거할수록 좋고, 가시는 빨리 빼낼수록 좋겠지…."

마침내 새어머니는 아이들을 무인고도無人孤島에 버려 굶겨 죽이기로 작정을 하고 뱃사공 한 사람을 매수한 다음, 아이들에게 경치 좋고 맛있는 과일이 많은 섬으로 놀러 가자고 꾀었습니다.

너무나 기뻐하는 아이들을 데리고 남해의 무인고도 보타락가산補陀落迦山에 도착한 새어머니는 아이들에게 음식 준비를 하고 있을 동안 섬을 돌아다니며 화초도 꺾고 조개껍질도 주우면서 놀도록 하였습니다.

아이들은 새어머니를 조금도 의심하지 않고 섬을 돌아다녔는데, 그 섬에서는 맛있는 과일도 아름다운 꽃도 발견할 수가 없었고, 새어머니가 있던 곳으로 다시 돌아와 보니 새어머니는 물론 배도 보이지 않았습니다.

"어머니! 어머니!"

아이들의 애절한 부름을 듣지 못하는 듯, 배는 먼 바다 저쪽으로 까마득히 사라지고 있었습니다.

먹을 것이라고는 찾아볼 수 없는 무인고도에서 조리와 속리는 굶주림에 시달리며 아버지와 돌아가신 어머니를 생각했습니다. 그리고 어둠이 깔리면서 찾아든 추위와 두려움을 견디기 위해 서로를 꼭 끌어안고 밤을 지새웠습니다.

그렇게 지내기를 며칠, 기진맥진한 조리와 속리는 돌아가신 어머니가 손짓하고 있는 듯함을 느꼈고, 마지막이라는 것을 깨달은 조리는 속리를 품에 안고 조용히 속삭였습니다.

"속리야, 어머니가 돌아가실 때 '꼭 훌륭한 사람이 되어야 한다' 고 당부하셨단다. 그런데 훌륭한 사람이 되어 보지도 못하고 어머니 곁으로 가게 되는구나.

속리야, 우리는 어머니의 유언을 지켜야 한다. 지금 죽을지라도 혼일망정 성현이 되고 보살이 되자. 그리하여 고통 받는 이들의 의지처가 되어 그들을 구제하자꾸나."

그리고는 여러 가지 원을 발하기 시작했습니다.

"세상에는 부모를 잃고 우리와 같이 된 아이들이 얼마나 많겠느냐? 우리는 그들에게 부모의 모습을 나타내어 감싸주고 의지가 되어주자. 그리고 어린이의 몸을 나타내어 친구가 되어주자.

세상에는 우리처럼 헐벗고 굶주리는 이가 무수히 많을 것이다. 그들에게 부자의 몸을 나타내어 의복과 양식을 주자.

그리고 넓은 바다에서 폭풍우를 만나 조난당하는 자가 얼마나 많겠느냐? 우리는 죽은 다음 이 섬의 높은 산에 머물면서 그들을 수호하고 구제하자꾸나.

또 모든 나라 중생들 중 부처님을 만나지 못해 구제를 받지 못하는 자가 얼마나 많겠느냐? 우리는 그들 앞에 부처의 몸을 나타내어 구제해주자.

또 벽지불辟支佛·성문聲聞·범왕梵王·제석帝釋·자재천自在天·대자재천大自在天·천대장군天大將軍·비사문천毘沙門天·소왕少王·장자長者·거사居士·재관宰官·바라문婆羅門을 만남으로써 구제받을 수 있는 이가 있으면 그러한 몸을 나타내어 구제해주고,

비구·비구니·우바새優婆塞·우바이優婆夷를 만나야 구제를 받을 수 있는 이가 있으면 그러한 몸을 나타내어 구제해주자.

또 병고에 신음하는 자에게는 약왕신藥王身의 몸을 나타내어 병을 낫게 해주고, 흉년이 들어서 굶주리는 자에게는 오곡과 잘 익은 과일을 주어 구제해주자….”

이와 같이 32가지 원을 세운 조리는 속리를 꼭 끌어안고 숨을 거두었습니다. 그 뒤 조리는 관세음보살이 되고 속리는 대세지보살大勢至菩薩이 되어, 때로는 함께 때로는 홀로, 중생들을 그 어떠한 조건도 없이 구제하였을 뿐 아니라, 깊은 깨달음의 세계로 인도하였습니다.

자비심을 품어야 빨리 성취한다

어린 소년 조리의 죽음과 원력願力….

대부분의 사람들은 억울한 죽음을 맞게 되면 증오하고 욕을 하고 깊은 원한을 품습니다. 그러나 소년 조리는 달랐습니다. 사랑하는 어머니의 유언을 생각하고 불쌍한 동생을 달래면서 오히려 '자기들처럼 불쌍한 사람을 보살펴주는 존재가 되자'는 원을 세웠습니다.

"부모 잃은 아이를 감싸고 의지가 되어주자."
"어린이의 몸을 나타내어 친구가 되어주자."
"헐벗고 굶주리는 이들에게 의복과 양식을 주자."
"바다에서 조난당하는 자를 수호하고 구원해주자."

나아가 고통 받는 모든 이들을 구제해줄 것을 진심으로 소원하며 숨을 거두었습니다.

바로 이것이 관음신앙의 뿌리요 시작입니다. 이러한 선심善心, 이와 같은 자비심이 모든 것을 바꾸어 놓았습니다. 한 점 증오심 없는 순결한 소원을 발한 그 힘없는 소년은 뒷날 크나큰 힘을 얻었고, 마침내는 '관세음보살'이 될 수 있었습니다. 극심한 고통 속에서 원망하기보다는 지극한 사랑을 발현시킨 고결한 마음이 있었기에, 그 나약했던 조리가 구세대비자求世大悲者 관세음보살로 화현할 수 있었던 것입니다.

이에 비해 우리는 어떠합니까?

대부분의 사람들이 '나'만을 찾고 '내 것'만을 챙깁니다. '나'에게 맞으면 사랑하고 탐하며, 나에게 맞지 않으면 싫어하고 미워합니다. 내 것은 소중하고, 나는 반드시 잘살아야 하며, 내가 손해를 보아서는 안 된다는 생각에 사로잡혀 있습니다.

하지만 그 '나'에게도 슬픔과 고난과 불행은 수시로 찾아듭니다. 오히려 나의 꿈, 나의 욕심, 나만의 사랑에 사로잡혀 사는 동안에는 행복이 쉽게 찾아들지 않습니다. 짧은 한순간의 성취는 있을지언정, 지속적인 평화와 행복과 자유는 더욱 멀리 달아나버립니다.

그 까닭이 무엇일까요? '나'라는 생각이 진하면 진할수록 더욱 두터운 껍질이 되어 '나'를 더욱 은밀한 밀실 속으로 가두어버리기 때문입니다.

사방이 벽으로 둘러싸인 밀실 같은 공간…. 그 공간이야말로 지옥입니다. 벽이 두터우면 두터워질수록 우리가 자유로이 움직일 수 있는 공간은 좁아집니다. '나'의 이기심을 내세우며 내 사랑과 내 이익과 내 욕심에 깊이깊이 빠져들면, 마침내는 꼼짝도 할 수 없는 무간지옥無間地獄에 갇혀버리고 마는 것입니다.

너무나 좁아 몸을 쉽게 움직일 수조차 없다는 무간지옥. 어찌 이것이 땅 속 깊은 곳의 지옥세계에만 있겠습니까? 나의 욕심에 사로잡혀 이기적으로 살고 나만의 굴레에 갇혀 살면, 바로 우리가 살고 있는 이곳이 무간지옥으로 바뀌게 됩니다.

결코 우리는 '나'라는 생각에 사로잡혀 나만의 고무풍선을 불면서 살아서는 안됩니다. 나의 재물, 나의 출세, 나의 명예, 나의 행복, 나의 사랑…. 우리는 한평생 내내 나의 풍선을 불면서 살아가고 있습니다.

우리가 그 풍선 속에 '나'의 입김을 불어넣으면 점점 크게 부풀어 오르고, 또 시간이 지나면 그 풍선은 줄어듭니다. 풍선을 한껏 불 때는 내가 커진 듯이 느껴지고, 풍선을 불지 않고 그냥 있을 때는 내가 위축되는 듯이 여깁니다.

곧 '나(我相)'의 풍선을 부풀리고 있을 때를 의욕적인 삶, 잘사는 삶으로 생각하고, '나'의 풍선을 불고 있지 않으면 무기력에 빠져버린 듯이 느낍니다. 그래서 사람들은 평화와 행복이 스스로 다가올 때까지 기다리지를 못하고, 나의 재물과 성취와 출세·명예·행복·사랑 등을 찾아다니며 정신없이 살아가게 되는 것입니다.

　이제 우리는 이러한 착각에서부터 깨어나야 합니다. '나'의 풍선을 크게 부는 것이 나를 크게 만드는 방법이라는 생각부터 버려야 합니다. 참으로 큰 행복을 바라고 큰 자유를 얻고자 한다면 '나'의 풍선 그 자체를 터뜨려버려야 합니다.

　풍선 속의 공기는 얇은 고무막 속에 갇혀 있습니다. 공기를 아무리 많이 불어 넣어도 풍선 속일 뿐이요, 그 공기는 얇은 고무막으로 인해 바깥의 공기와 차단이 되어 있을 뿐입니다.

　정녕 자유롭고 행복해지기를 원한다면 '나'라는 풍선을 터뜨리십시오. 풍선이 터지면 풍선 안의 공기와 풍선 밖의 공기는 그대로 하나가 됩니다. 그 순간 나는 대우주와 하나가 되고 대자유·대해탈의 몸이 됩니다. 그렇게 되면 풍족한 재물과 함께 명예와 권력이 자연스럽게 다가올 뿐 아니라, 대우주에 가득 차 있는 지혜와 사랑과 평화와 행복의 기운은 몽땅 다 '나'의 기운이 됩니다.

　풍선 속의 공기와 풍선 밖의 공기. 어찌 이 두 공기가 서로 다른 것이었겠습니까? 나에 대한 집착으로 스스로 고무풍선의 막을 만들어 안팎을 구별하고, 스스로를 가두어 불행을 자초한 것일 뿐….

그럼 풍선을 터뜨리는 방법은 무엇인가? 바로 자비심慈悲心입니다. 자비심이 깊으면 나의 풍선이 사라지게 되고, 자비심이 깊으면 깊을수록 나의 능력과 평화와 행복은 점점 더 커지게 됩니다.

그러므로 관세음보살을 의지하여 구원을 얻고자 하는 불자들은 무엇보다 먼저 스스로 쌓은 벽을 무너뜨리고 '나'의 풍선을 터뜨려버려야 합니다. 극심한 고통 속에서 도리어 대자비심을 일으켰던 '조리' 소년의 마음가짐을 먼저 배워야 합니다. 시련과 힘든 일이 찾아들지라도 남을 원망함 없이 운명을 받아들이고, 오히려 나도 힘을 키워 고통을 받는 사람들을 구제하겠다는 소원을 가질 수 있어야 합니다.

나만의 구원이 아니라 남 또는 다른 것을 위하여 대자비라는 보다 큰마음을 일으킬 때 참으로 큰 능력과 큰 성취가 나에게로 다가오고 내가 바뀌게 된다는 가르침! 이것이 관세음보살님을 있게끔 한 시작이요 관음신앙의 뿌리입니다.

결코 잊지 마십시오. 조리의 큰마음, 나를 잊은 자

비심이 무한능력의 관세음보살, 구세대비자 관세음
보살을 출현시켰다는 것을.

　이제 관세음보살님을 찾는 관음행자라면 관세음보
살의 근본 마음인 대자비심을 늘 되새기며 살아야 합
니다. 나아가 자비심을 품고 '나'의 소원을 기원할
때, 우리의 모든 소원이 관세음보살님의 한없는 큰 힘
에 의해 저절로 이루어지게 된다는 것을 꼭 명심하시
기 바랍니다

주요 경전 속의 관음관

법화경 보문품의 관음관

관세음보살님은 많은 경전 속에서 자비의 주인공으로 등장을 하고 있습니다. 그런데 그 많은 경전 가운데 관음 신앙의 뿌리 역할을 하고 있는 것은 『법화경』의 「관세음보살보문품」입니다. 「보문품普門品」은 뒷날 중국의 하서왕에 의해 『관음경』이라는 독립된 경으로 유포되기까지 하였는데, 이 경의 첫머리에는 다음과 같은 구절이 있습니다.

중생들이 괴로움을 받게 될 때 관세음보살의 이름을 듣고 일심으로 그 이름을 부르면 관세음보살은 즉시 '그 음성을 관觀하여' 그들 모두를 괴로움으로부터 벗어나게 하느니라.

이는 대부분의 불자들이 잘 알고 있는 문장입니다. 그런데 이 문장의 마지막 구절인 '그 음성을 관하여'를 어떻게 이해해야 하는가? 곧 '그 음성을 관하여〔觀其音聲〕'에서의 '관觀'을 나 스스로가 관하는 자관自觀으로 보아야 하는가? 관세음보살님께서 관하는 타관他觀으로 보아야 하는가?

어쩔 수 없이 고난에 허덕이고 있는 중생에게 있어서는 당연히 타관他觀이 됩니다. 절대자인 관세음보살님께서 고통 받는 '나'의 음성을 관하여 구원의 손길을 뻗치기 때문입니다.

그러나 한 걸음 더 나아가면 그 관은 중생 속에 있는 불성佛性의 소리, '나'의 가장 깊은 마음 속 음성을 관한다는 자관自觀의 뜻도 담겨져 있습니다.

그럼 '관기음성觀其音聲'의 관은 과연 무엇인가? 자관과 타관, 이 둘을 함께 가리킨 것입니다. 그리고 이와 같은 이유 때문에 보문품에서는 단순히 입으로만 외우는 구칭口稱이 아니라, 우리의 일심에 주안점을 둔 '일심칭명一心稱名'을 자주 강조하고 있습니다. 중생 스스로가 관세음보살의 관함을 희구함과 동시에, 불성의 음성이요 일심의 음성을 관하여야 함을 깨우쳐주고 있는 것입니다.

이제 다시 한 번 「관세음보살보문품」을 읽어보십시오. 그리고 뒤쪽의 게송을 유심히 살펴보십시오. 처음은 '칭명稱名'으로 시작하였다가, 차츰 받아서 지니는 '수지受持', 목숨을 바쳐 의지하는 '귀명歸命', 한 몸을 이루는 '체득體得'으로 바뀌고 있습니다. 이를 볼 때 분명 처음에는 이름을 부르는 것에서 시작하지만, 점차 중생들 스스로가 관세음보살 그 자체로 탈바꿈 되도록 이끌어 가고 있다는 것을 알 수 있습니다.

실로 '관세음보살'을 일심으로 부르고 생각하는 칭념삼매稱念三昧에 젖어보십시오. 관세음보살님의 자비를 생각하고 무한 능력을 생각할 때 뒤따르는 '저 관음을 생각하는 힘〔念彼觀音力〕'에 의한 영험이 저절로 나타나게 되고, 마침내 그 '관觀'은

① 번뇌를 비우는 **진관**眞觀

② 거짓된 삶을 버리는 **청정관**淸淨觀

③ 무아의 이치를 깨달아 이루는 **광대지혜관**廣大智

慧觀

④ 중생의 슬픔과 고난을 없애주는 **비관**悲觀

⑤ 중생과 더불어 기쁨을 나누는 **자관**慈觀

등의 오관五觀으로 바뀌어갑니다.

그리고 구원을 바라던 '음성〔音〕'은

① 번뇌를 차츰 떠나면서 진리의 음성인 **묘음**妙音이
   되고

② 세상의 소리를 관하고 함께하는 **관세음**觀世音

③ 환희가 가득한 불보살의 음성인 **범음**梵音

④ 모든 슬픔을 삼켜버리는 바다의 파도소리인 **해
   조음**海潮音이 되었다가

⑤ 중생들에게 큰 기쁨을 안겨주는 세상에서 가장
   아름다운 **승피세간음**勝彼世間音

등의 오음五音을 이루어, 절대적인 자유가 가득한
해탈의 묘과妙果를 이룰 수 있습니다.

하지만 이 5관을 관하고 5음을 이루는 것은 결코 쉽
지가 않습니다. 그럼 쉽지 않은 우리는 어떻게 해야
하는가?

다른 것은 다 그만 두고라도 관세음보살님만은 관
하고자 하십시오. 입으로만 '관세음보살'을 부르지

말고 마음으로 관세음보살을 생각하고 떠올려 보고자 하십시오. 자꾸 생각하고 보고자 하면 참되고 맑고 지혜롭고 자비로운 관세음보살님을 볼 수 있게 되고, 그 관음觀音이 지혜의 해가 되어 내 마음속의 어둠을 일시에 없애줍니다.

무한자비의 관세음보살님. 중생의 고통을 없애고자 하는 그분의 비심悲心은 천둥이 되어 시방세계를 진동하고, 중생을 어여삐 여겨 기쁨을 주고자 하는 그분의 자심慈心은 구름이 되어, 그 자비심으로 꼭 필요한 양의 비를 촉촉히 뿌려 줍니다. 장마나 태풍 때처럼 많은 비를 뿌려 세상을 흔들어 놓는 것도 아니요, 감질나게 비를 내려 더욱 목마르게 하는 것도 아닙니다. 꼭 필요한 만큼의 비를 뿌려 줍니다.

보문품에서는 이 비를 '감로법우甘露法雨'라고 표현했습니다. 번뇌의 불길을 꺼주는 감로의 법우라고 하였습니다. 감로는 불사不死요 법우는 진리입니다.

그렇습니다. 우리가 결국 얻어야 할 것은 불사의 진리입니다. 번뇌가 아니라 진리에 입각하여 사는 것입니다. 진리에 입각하여 맑게 살고 지혜롭게 살고 자비롭게 살면 모든 맺힘과 원한이 풀어져 한없이 평화롭고 행복하게 살 수가 있습니다.

실로 인생을 살다보면 참으로 어처구니없는 일을 당하는 때도 있고, 가장 사랑하는 배우자나 자식이 '나'를 아프게 하는 경우도 많습니다. 왜 이와 같은 일을 당하는 것일까요?

바로 맺힌 인연 때문입니다. 그들이 나에게 당했던 빚을 받고 원한을 되갚고 있는 것입니다. 그래서 전생의 원수가 가장 가까운 가족이 되어 복수를 하거나, 믿었던 사람이 '나'를 파산시키기도 하는 것입니다.

그럼 그때 우리는 어떻게 해야 합니까? 그 가족을 버리고, 그 상대를 파산시켜야 합니까? 아닙니다. '관세음보살'을 염하며 기도를 해야 합니다. 원결을 녹이는 기도를 해야 합니다. 결단은 기도를 한 다음에 내려도 늦지 않습니다. 기도를 하여 마음의 평온을 어느 정도 찾은 다음 결단을 내려야 합니다.

그리고 기도를 하되 꼭 잊지 말아야 할 것이 있습니다. 그것이 무엇인가? 바로 참회입니다. 알게 모르게 지은 잘못을 참회하는 것입니다. 왜 꼭 참회를 하라는 것인가? 참회를 할 때 맺힌 원결이 가장 빨리 녹기 때문입니다.

부디 대자대비하신 관세음보살을 염하며 내 가족이나 가까운 사람들 사이에 맺힌 응어리들을 풀도록 하십시오. 가장 가까운 사람끼리의 매듭이 풀리면 자비심은 저절로 샘솟고, 그 자비가 주위를 평화롭게 만들어 줍니다.

『법화경』 보문품에서 모든 중생의 어머니로 모습을 나타낸 관세음보살님. 그 어머니를 지극히 생각하고 믿고 공경하게 되면 마침내 관세음보살님의 무한 능력은 '나'의 것이 되고, 그 님의 영원한 생명력도 '나'의 것이 됩니다.

관세음보살보문품(관음경)을 읽을 때는 감성을 길러 보십시오. 관세음보살님을 생각하면서 깊은 사랑, 지극한 사랑, 나 이상으로 나를 위하는 그 님의 사랑에 젖어들어 보십시오. 사랑을 통하여 우리는 구원을 얻을 수 있고 그 님처럼 될 수 있습니다.

이렇듯 우리의 감성을 오성悟性으로 이끌어주는 경이 『법화경』의 보문품이요, 그 길로 인도하는 님이 관세음보살이라는 것을 꼭 기억하시기 바랍니다.

반야심경의 관자재보살

이제 우리 불자들이 가장 많이 독송하는 『반야심경』 속의 관세음보살에 대해 살펴봅시다.

이 『반야심경』은 누가 설한 것인가? 사람들은 부처님께서 설한 것으로 알고 있습니다. 그러나 우리가 염송하고 있는 소본小本 반야심경이 아닌 대본大本 반야심경에는 경을 설하게 된 배경 등을 밝힌 서분序分이 첨가되어 있는데, 이 서분에는 관자재보살이 경을 설한 설주說主라는 것을 분명히 밝히고 있습니다.

그런데 『반야심경』에서는 관세음보살을 '관자재보살觀自在菩薩'로 표현하고 있습니다. 관자재보살의 '관자재'는 범어 아바로키테슈바라(Avalokiteś vāra)를 의역意譯한 이름입니다. 이 아바로키테슈바라는 '관觀'을 뜻하는 아바로키타(Avalokita)와 '자재自在'를 뜻하는 이슈바라(iśvāra)가 합해져서 이루어진 이름입니다.

더 엄밀히 분류하면 아바로키타의 아바는 '본다'는 뜻이요, 로키타는 '세상을'이라는 뜻이므로, 아바로키테슈바라는 '온 세상을 자유자재하게 보는 분'이 됩니다. 따라서 '관자재觀自在'로 번역되는 것이 마땅

합니다.

그런데 대역경승인 구마라집(鳩摩羅什, 344~413) 삼장은 법화경을 한역할 때, 관세음보살보문품에서 아바로키테슈바라를 '관세음觀世音'으로 번역하였습니다. 왜 구마라집 삼장은 반야심경을 번역한 현장법사와는 달리 번역을 하였을까?

구마라집 삼장이 관세음보살보문품의 근본정신인 중생구제의 측면에 보다 가깝도록 하기 위해 '관세음觀世音'으로 번역하였다는 견해가 많습니다. 곧, 관세음보살보문품의 "보살이 즉시 '그 음성을 관하여〔觀其音聲〕' 모두에게 해탈을 얻게 한다"는 말씀에 근거하여 관세음으로 번역하였다는 것입니다.

따라서 '관세음'은 중생을 제도하는 자비慈悲의 측면을 강조한 번역이고, '관자재'는 스스로가 증득해야 할 지혜, 곧 반야般若의 측면을 강조한 번역이라고 이해하면 됩니다.

그렇다면 관자재의 '관'은 어떠한 것인가? 조금도 때 묻지 않은 순수한 공관空觀, '나'와 모든 번뇌가 텅 비어있는 공관입니다. 관자재보살은 이 공관을 체득하여 반야바라밀般若波羅蜜의 수행을 완성하고 해탈을 이루었을 뿐 아니라, 모든 중생을 구원할 수 있는 크나큰 능력을 갖추게 되었다고 합니다. 곧 '나'의 몸과 마음을 관하여 절대공絕對空의 경지에 이른 분이 관자재보살인 것입니다.

그렇다면 왜 관자재보살은 하고 많은 관법觀法 중에서 공관을 닦은 것인가? 그것은 공空의 이치를 철두철미하게 체득할 때 참다운 지혜인 반야般若가 발현되고, 반야의 해가 밝게 비치면 어둠〔無明〕으로 인해 생겨난 모든 고액苦厄들이 저절로 사라져 완전한 해탈을 이룰 수 있기 때문입니다.

관자재보살이 깊은 반야지혜의 완성을 위해 수행하고 있을 때, 오온(五蘊 : 존재의 다섯 가지 구성요소. 곧 물질과 정신 작용)이 모두 공함을 밝게 비추어 보고 모든 괴로움과 재난을 뛰어넘었느니라〔觀自在菩薩 行深般若波羅蜜多時 照見五蘊皆空 度一切苦厄〕

이『반야심경』의 첫 구절은 번뇌로 가득 채워져 있는 우리에게 깨우침을 내려주고 있습니다. 곧, 나와 모든 존재가 본래 공이라는 이치를 깊이 탐구하다보

면 선과 악, 아름다움과 추함, 옳고 그름, 사랑과 미움
등의 상대적인 경계에 대한 차별이 없어질 뿐 아니라,
탐심도 분노심도 어리석은 마음도 모두 청정한 불성으
로 되돌아와서 자기의 마음을 자기가 마음대로 할 수
있는 관자재보살의 경지에 이르게 된다는 것입니다.

그럼 우리 스스로가 '내 마음을 내 마음대로 하는'
관자재가 되기 위해서는 어떻게 해야 하는가? 해답은
'마하반야바라밀摩詞般若波羅蜜'입니다. 우리들 누구
나가 다 갖추고 있는 마하심摩詞心, 영원한 생명력과
무한한 능력이 간직되어 있는 마하심을 잘 모아 지혜
가 발현되면〔般若〕해탈의 저 언덕에 이를 수 있고〔波
羅蜜〕'관자재'가 될 수 있습니다.

실로 영원 생명·무한 능력의 마하심은 '나' 속에
감추어져 있습니다. 그렇다면 무엇이 문제인가? 반야
가 문제입니다. 어떻게 하면 반야를 '나'의 것으로 만
들 수 있는가? 비결은 비우는 데 있습니다. 모든 번뇌
를 비워버리면 저절로 반야가 되고 마하심이 발현됩
니다.

하지만 '비우기'가 말처럼 쉬운 것은 아닙니다. 그
럼 어떻게 해야 하는가? 관자재보살, 곧 관세음보살

님께 집중하면 됩니다. 관세음보살로 내 마음을 가득 채우면 번뇌는 저절로 비워지고, 번뇌가 비워지면 반야의 빛은 저절로 밝아지며, '나'는 영원 생명·무한 능력을 갖춘 관자재보살이 되는 것입니다.

부디 이 글을 읽는 불자들은 이 원리를 꼭 명심하기 바랍니다. 왜냐하면 이와 같은 '마하반야바라밀'의 원리에 입각하여 많은 선각자들이 『반야심경』을 읽고 생각하여 구원을 얻고 해탈을 하였기 때문입니다.

이를 증명이나 하듯, 주위를 살펴보면 『반야심경』을 하루에 7편이나 21편을 꾸준히 외우거나, 7일 동안 틈날 때마다 계속 외워 가피를 입었다는 영험 사례들이 많이 전해지고 있습니다.

잡념을 비우고 『반야심경』의 뜻을 새기며 독송해 보십시오. 관세음보살의 가피 속에서 차츰 빈 마음을 이루어 일체고액과 공포를 물리칠 수 있게 되고, 반야의 지혜를 발현시킬 수 있게 됩니다.

정녕 입으로만 『반야심경』을 외우지 말고, 뜻을 새기면서 독송하여 관자재의 지혜를 열고 우리 속의 마하심을 개발하시기를 당부드립니다.

화엄경에서 설한 대비행문

불교 최고의 경전으로 일컬어지는『화엄경』의 입법
계품入法界品은 선재동자가 53의 선지식(善知識, 스
승·선각자)을 만나 도를 구하는 모습을 사실적으로
묘사하고 있으며, 여기에서 관세음보살님은 가장 중
심이 되는 자리에 임하여 **대비행문**大悲行門의 수행법
을 가르쳐주고 있습니다.

관세음보살님은 선재동자가 구법求法의 길에 올라
찾아간 53선지식 가운데 꼭 중간인 27번째로 찾아간
분입니다. 제26 선지식인 비슬지라거사는 '모든 분
별을 떠나 부처님의 법과 지혜에 머물고, 모든 중생을
깨닫게 하는 방법'을 알고자 한다면 관세음보살을 찾
아가야 함을 일러줍니다.

"선남자여, 여기서 남쪽으로 가면 보타락가산이 있
고 거기에 관자재보살이 계시느니라. 그 보살님께 가
서 어떻게 보살행을 배우고 보살도를 닦아야 하는지
를 묻도록 하여라."

마침내 선재동자는 바다 위에 있는 보타락가산에 이르렀고, 온 산 구석구석을 다니며 관자재보살을 찾았습니다. 문득 서쪽 바위 골짜기에 시냇물이 반짝이며 흘러가고 나무들이 우거져 있으며 향내 나는 풀들이 부드럽고 연하게 오른쪽으로 돌아 땅에 깔려 있을 뿐 아니라, 가지각색의 아름다운 꽃이 피어 있는 곳이 있었습니다. 바로 그 중앙의 깨끗한 금강석 위에 관자재보살이 가부좌를 하고 앉아 주위를 에워싸고 있는 수많은 보살들에게 중생을 거두어 제도하는 자비법문을 설하고 계셨습니다.

선재동자는 크게 환희하며 관자재보살님께 나아가 예배를 올리고, '보살행을 배우고〔學菩薩行〕 보살도를 닦는〔修菩薩道〕 방법'을 가르쳐줄 것을 청합니다. 이 때 관자재보살은 '**대비행문**大悲行門' 네 글자를 힘주어 강조합니다.

대비행문의 '대비행'은 중생을 가엾게 여기고 그들을 구해주는 실천행입니다. 실로 이는 특별한 가르침이 아니라, 누구나가 알고 있고 어느 종교에서나 강조하고 있는 상식적인 가르침입니다.

그러나 우리의 삶과 비교하면서 대비행에 대해 다

시 한 번 생각해보십시오. 과연 우리는 우리 이웃의 딱한 사람들을 불쌍히 생각하며 도와주고 있는지를? '그렇다'고 자신 있게 말할 사람도 있겠지만, 대부분의 사람들은 모른 체하거나 말로만 걱정을 합니다. 진정으로 '불쌍하다'고 생각하기도 어려운 일인데 도움을 주는 행동을 하기란 결코 쉬운 일이 아닙니다.

그러므로 『화엄경』 속의 관자재보살께서는 실천의 문, 대자비행의 문을 활짝 열 것을 강조하고 있습니다. 대자비행의 문을 활짝 열어 모든 중생을 평등하게 가르치고 교화할 때, 보살행이 완성되어 부처를 이룰 수 있다는 것입니다.

이어 관자재보살님은 대비행을 닦는 열한 가지 방법을 일러주고 있는데, 그 중 골격을 이루는 가르침은 보시布施·애어愛語·이행利行·동사同事의 네 가지로 구성된 사섭법四攝法입니다.

· 정신적으로 육체적으로 물질적으로 베풀어주는 **보시섭**布施攝.
· 부드럽고 평화롭고 순수하고 사랑이 담뿍 담긴 말로써 중생들을 진리의 세계 속으로 거두어들이

는 **애어섭**愛語攝.

· 몸과 말과 생각으로 중생들을 위하여 이익 되고 보람된 선행善行을 베풀어 그들로 하여금 깨달음의 세계로 들어가게 하는 **이행섭**利行攝.

· 중생과 일심동체가 되어 고락을 함께 하고 길흉화복을 같이 하면서 그들을 깨우치고 올바른 길로 인도하는 **동사섭**同事攝.

이밖에도 관자재보살님은 신기한 모습과 빛깔과 음성으로, 또는 신통으로 중생을 구제하는 대비행의 방법을 가르쳐주고 있습니다. 그리고 마지막으로 관자재보살 스스로가 항상 발원하고 있는 바를 들려주십니다.

"원하노니, 나를 생각하거나 나의 이름을 부르거나 나의 몸을 보는 중생은 모두가 온갖 공포로부터 해방되고 무상보리심無上菩提心을 발하여 길이 물러나지 않게 하여지이다."

이제까지 우리는 『화엄경』에서 설하고 있는 관세음보살의 대비행문을 간략히 살펴보았습니다.

『법화경』「보문품」에서는 믿음의 길로,『반야심경』에서는 반야지혜의 길을 제시하여 중생을 해탈의 길로 인도하던 관세음보살님께서,『화엄경』을 통해서는 대자비의 실천행을 강조하신 것입니다.

믿음과 지혜와 자비! 이것은 우리 불자들이 반드시 함께 지녀야 할 필수덕목입니다. 믿음을 통하여 구원을 받았고, 지혜를 길러 자기를 밝혔으면, 마땅히 중생제도의 자비보살행을 실천해야만 합니다. 그러기 위해서는 무엇보다 먼저 관세음보살님처럼 발원發願과 축원祝願의 마음부터 길러야 합니다.

모든 중생을 구하겠다는 발원, 중생이 행복하기를 기도하는 축원의 마음부터 길러야 합니다. 그리고 형편 따라 능력 따라, 또 상대에 맞추어 보시하고 애어하고 이행하고 동사할 줄 알아야 합니다.

이렇게 꾸준히 노력하다 보면 우리 속에 자리 잡고 있던 탐욕과 분노와 어리석음이라는 세 가지 번뇌는 저절로 소멸되고, 복덕과 지혜가 산처럼 바다처럼 가없이 쌓이게 되는 것입니다.

꼭 기억하시기를 당부드리면서 다음 장으로 넘어갑니다

II
자비관음의 여러가지 모습

관음, 어떠한 몸을 나타내는가

성문 · 연각 등의 수행자와 구분되는 보살의 대표적인 특성은 중생구제를 위한 독특한 본원本願을 지니고 있으며, 중생구제의 본원을 실현하기 위한 구체적인 행을 끊임없이 닦아간다는 것입니다.

그럼 관세음보살님은 어떠한 본원을 가지고 있으며, 어떠한 실천을 행하시는 분인가? 관세음보살님은 일체 중생을 이끌어 들여서 구제하는 '섭수攝受'를 본원으로 삼고 있으며, 한 가지가 아니라 다양한 모습을 나타내어 중생구제의 자비행을 실천하는 보살입니다.

실로 관세음보살님의 대자비와 중생구제의 능력은 어떤 불보살보다도 크고 깊고 넓습니다. 그래서 관세음보살님을 일컬어 대비성자(大悲聖者:대자비의 성자)·구호고난자(救護苦難者:고난을 벗어나게 해주고 잘 보호해주는 분)·시무외자(施無畏者:두려움을 없애주고 평화를 주는 분)·원통대사(圓通大士:원융하여 두루 통하지 않음이 없는 큰 인물)이라 칭하게 되었으며, 마침내는 보살의 경지를 넘어선 분이라 하여 관음여래觀音如來라는 칭호까지 얻고 있습니다.

한마디로 말해 관세음보살님은 당신의 수행이나 성취가 아니라, 대자비로 중생을 구제하는 측면만 강조되고 있는 분입니다. 곧 관세음보살님은 보살의 기본 수행인 상구보리上求菩提와 하화중생下化衆生, 이 두 가지를 함께 닦아 성불을 추구하는 구도자가 아니라, 부처님을 대신하여 오로지 하화의 길을 걸으며 대자비를 베풀어서 중생을 구제해줄 뿐입니다.

그럼 관세음보살님께서는 언제 어느 곳에 그 모습을 나타내는 것일까? 이 물음에 대한 해답은 중생에게 있습니다. 중생이 간절히 찾을 때, 그리고 중생이 고통 받고 있는 장소에 그 모습을 나타냅니다.

그럼 관세음보살님은 어떠한 모습으로 나타나는 것일까? 그 모습은 일정하지가 않습니다. 중생의 근기根機에 맞게 다양한 모습을 나타냅니다. 관세음보살님의 응현하는 모습은 경전에 따라 약간씩 차이가 있는데, 우리나라에서는 『법화경』의 33응신설應身說과 『능엄경』의 32응신설을 채택하고 있습니다.

부처의 몸을 나타내어야 제도하기 좋은 이에게는 부처의 몸을 나타내어 제도하고, 스님의 몸을 나타내어야 잘 제도가 되는 이에게는 스님의 몸을, 나아가 성문聲聞·범왕梵王·제석帝釋·장자長者·비구·부인·천·용 등 32신 또는 33신으로 응화하여, 제도할 대상에 따라 그에 알맞는 가지가지의 모습을 나타냅니다(뒤의 〈관음의 다양한 응신〉에서 상세히 설명함).

그러나 관세음보살의 응현은 33신 또는 32신만으로 한정되어 있는 것이 아닙니다. 시간과 장소에 구애됨이 없이 어느 때 어느 곳에라도 중생이 원하는 모습으로 나타내고 있습니다. 보다 넓게 이야기하면 대우주 법계 전체와 이 세상 모든 것 속에 관음의 모습이 깃들어 있고, 이 세상 어느 것 하나 관음의 응신 아닌 것이 없습니다. 「관세음보살보문품」의 보문普門은 '어디에나 두루한 문'이라는 뜻으로, 바로 이러한 사실을 우리에게 일러주고 있습니다.

그럼 관세음보살님의 실제 모습은 어떠한 것일까?

그 모습은 우리들 가까이에서 보살상이나 탱화로 조성되어 있는 관세음보살에서 찾아볼 수 있는데, 일반적으로 성관음聖觀音 · 천수관음千手觀音 · 십일면관음十一面觀音 · 마두관음馬頭觀音 · 여의륜관음如意輪觀音 · 준제관음准提觀音 · 불공견삭관음不空羂索觀音 등으로 분류되는 밀교의 7관음과 실제로 중국 · 우리나라 등에 나타났던 양류관음 · 용두관음 · 수월관음 등의 33분 관세음보살을 모아 모습을 그리고 이름을 지은 33존관음(三十三尊觀音:33관음이라고도 함)도 중국 · 우리나라 · 일본 · 티벳 등에서는 널리 신봉되고 있습니다.

이렇게 관세음보살님이 어떠한 불보살님보다 다양한 모습으로 나타나고 있는 까닭은 그만큼 관세음보살님의 자비가 크고, 그만큼 관세음보살님에 대한 믿음이 컸기 때문입니다.

이제 대자비하신 관세음보살님의 여러 가지 모습 가운데 우리나라에서 널리 신봉되었던 성관음과 십일면관음에 대해 상세히 살펴본 다음, 천수관음과 우리나라에는 거의 보이지 않았던 마두 · 여의륜 · 준제 · 불공견삭관음과 33존관음과 32응신 또는 33응신에 대해 공부하고자 합니다.

관음의 원형인 성관음보살

　성관음聖觀音은 관세음보살의 가장 기본적 모습을 지니고 있기 때문에, 후세에 성립된 다른 변화 관음과 구별하기 위해 '성'이라는 글자를 덧붙이게 되었습니다. 어느 때에나 32응신 등의 몸을 자유자재로 나타내어 중생을 제도하는 분으로, 우리나라 불자들이 가장 널리 믿고 받드는 관음신앙의 대상이 바로 이 성관음보살이며, 그냥 '관세음보살'이라고 할 때는 이 성관음보살을 뜻하는 것으로 통용되고 있습니다.

　자연 우리나라 사찰에서는 중국·일본과는 달리 성관음보살상을 특별히 많이 모시게 되었고, 어느 사찰을 가더라도 성관음보살상과 성관음탱화를 쉽게 접할 수 있습니다.

성관음보살상

　우리가 접하게 되는 불보살이 어떠한 분인가를 판단하는 기준은 1차적으로 손모양인 수인手印과 손에 들고 있는 물건, 곧 지물持物이 무엇인가에 의해 좌우됩니다. 그럼 성관음보살상은 어떠한 지물을 들고 있는가? 왼손에는 봉오리 상태의 연꽃을, 오른손에는 감로병甘露甁을 들고 있습니다.

　왼손에 든 연꽃은 모든 중생이 본래부터 갖추고 있는 불성佛性을 상징합니다. 그 꽃이 활짝 피어 있다면 불성이 온전하게 드러나 성불하였음을 시사하는 것이지만, 봉오리 상태의 연꽃은 우리 중생들 모두가 아직은 개발되지 않은 상태의 불성을 그냥 간직하고 있다는 것을 일깨워주고 있습니다. 관세음보살님은 봉오리 상태의 연꽃을 들어 보이시며 우리에게 설법을 합니다.

　"중생들이여, 진흙탕 속에서도 결코 더럽혀지지 않는 이 연꽃처럼, 너희에게는 어떠한 번뇌에도 오염되지 않는 청정한 불성이 있다. 그 불성을 개발하여라. 불성을 완전히 개발하여 부처를 이루게 되면 연꽃은

낙산사 원통보전에 봉안된 **성관음보살좌상**

활짝 피어난다. 이 연꽃이 활짝 피어날 때까지 두려
워 말고 정진하여라. 내가 너희와 언제나 함께 하고
있으니…."

또 오른손의 감로병에는 감로수甘露水가 들어 있습
니다. 감로는 원래 신들이 상용하는 음료로, 불사不死
의 영약이라고 합니다. 이것을 불교에서 채택하여,
모든 고뇌를 해소시키고 영원한 생명력을 얻게 하는
영약으로 감로수를 칭하게 되었습니다. 불교의 여러
의식문에는 감로수와 감로병을 묘사한「쇄수게灑水偈」

가 수록되어 있습니다.

관세음보살님은 대의왕이시니
감로병 속에 가득한 법수의 향기로
마의 구름 세탁하여 서기를 일으키고
열과 번뇌 소제하여 청량을 얻게 하네
　　觀音菩薩大醫王　관음보살대의왕
　　甘露瓶中法水香　감로병중법수향
　　灑濯魔雲生瑞氣　세탁마운생서기
　　消除熱惱獲淸凉　소제열뇌획청량

이제 이 「쇄수게」에 대한 경봉(鏡峰:1892~1982)스님
의 풀이를 통하여 관세음보살님께서 감로병을 들고
계신 까닭을 음미해봅시다.

"모든 사람에게는 자기관음自己觀音이 있다. 우
리가 소리를 듣고 관하는 그 자리가 곧 자기관음이
다. 어느 누구든 자기의 소리를 올바로 듣고 관할
때 그는 의왕이 된다.
　　그 의왕은 육체라는 감로병을 가지고 있다. 그런

데 감로병에 구멍이 나면 어떻게 되겠는가? 불사不
死의 감로수는 담겨 있을 수가 없게 된다. 그러므
로 육체를 잘 보존하라는 말이다.

이 육신을 잘 다스려 선정과 지혜를 닦으면 정혜
수定慧水라는 법수가 샘솟는다. 곧 불사의 감로수
가 생기는 것이다.

이 법수法水는 마魔의 구름을 세탁하는 힘이 있
다. 이 정혜수는 모든 열과 번뇌를 소제하는 힘을
갖추고 있다. 지금 이 자리에서 우리를 괴롭히던
마의 구름을 찬란한 서기로 바꾸어 놓고, 이제까지
의 열뇌熱惱를 그대로 청량으로 탈바꿈시키는 것
이다."

우리가 수행하거나 관세음보살을 일심으로 염할
때, 우리들 몸속의 감로수가 작용하여 같은 시간 같은
장소에서 서기와 청량이 가득한 새로운 세계를 열 수
있게 된다는 말씀입니다. 그리고 이 감로병과 감로수
는 결코 관세음보살만이 가진 것이 아니라는 것을 깨
우쳐주고 있습니다.

우리들 속에 있는 불사의 감로수, 그것을 찾아 올바

로 활용할 때 우리는 관세음보살님과 한 몸이 되고, 영원한 생명력과 무한 능력을 갖추게 된다는 것을 확고히 믿고 관세음보살님의 품속으로 뛰어들어야 할 것입니다.

그리고 성관음보살님은 머리에 금빛 보관寶冠을 쓰고 있으며, 보관 중앙에는 부처님의 모습이 새겨져 있는데, 이 부처님은 아미타불阿彌陀佛입니다. 관세음보살이 아미타불을 근본 스승〔本師〕으로 삼아 항상 받들어 모신다고 하였으므로, 이를 조형화하여 아미타불을 보관의 중앙에 새겨놓은 것입니다.

이제 성관음탱화를 살펴봅시다.

성관음탱화

관음탱화는 관세음보살에 관한 신앙을 그림으로 묘사한 신앙도이며, 현존하는 관음탱화 중에는 고려시대에 그려진 것이 40여 점 남아 있습니다. 그러나 이들 대부분은 일본의 소장가나 사찰에 보존되어 있으며, 현재 우리나라 사찰에 있는 탱화 대부분은 17세기 이후에 제작된 것입니다.

고려의 관음탱화를 일반적으로는 수월관음도水月觀音圖라고 칭하는데, 엄밀한 의미에서 이름을 붙이면 성관음도라고 하는 것이 맞습니다. 『화엄경』의 「입법계품入法界品」에 근거하여 묘사한 성관음탱화는 우리나라의 관음신앙이 『관음경』으로 독립된 「관세음보살보문품」이나 『능엄경』만이 아니라, 『화엄경』과 화엄사상에도 근거를 두고 있다는 것을 입증하는 좋은 증거가 됩니다.

「입법계품」에 의하면, 관세음보살님은 인도의 남쪽 바다 가운데 있는 보타락가산補陀洛迦山을 당신의 정토로 삼고, 그곳에 거주하면서 중생을 제도하는 보살입니다. 이 보타락가산에는 많은 성중聖衆이 살고 있고, 항상 광명이 넘치고 꽃이 끊임없이 피어나며, 말할 수 없이 좋은 향기가 언제나 가득한 곳입니다. 이곳의 맑고 깨끗한 연못가 금강보석金剛寶石 위에 관세음보살님께서 결가부좌 또는 한 발을 내린 유희좌遊戱坐를 취하고 앉아 법을 묻는 선재동자善財童子 및 중생을 위해 설법을 하고 계십니다.

이와 같은 전경을 묘사한 것이 현재 학계에서 수월관음도라는 명칭으로 통용되고 있는 성관음탱화입니다. 하지만 「입법계품」 어디에도 수월水月, 곧 물속의 달에 대한 표현이나 ‘달’에 관한 내용이 보이지 않습니다.

성관음탱화의 중앙에는 보타락가산에 계신 관세음보살님이 좌정하고 있고, 그 아래쪽에 53선지식 중 제27번째로 관세음보살님을 찾아가 가르침을 받는 선재동자(남순동자南巡童子라고도 함)가 합장을 하고 있는 모습이 많이 그려져 있습니다.

그런데 우리나라의 관음탱화에는 선재동자·감로병 외에 중국과는 다른 독특한 것들이 묘사되어 있습니다. 관세음보살님 주위에 등장하는 동해용왕과 염주·공양자供養者·청조(青鳥:파랑새)·한 쌍의 청죽青竹 등의 표현은 다른 나라 탱화에서는 결코 찾아볼 수 없는 우리만의 모습입니다.

이와 같은 표현의 연원은 우리나라 3대 관음성지 중 동해 낙산사洛山寺를 세운 신라 화엄종의 초조 의상(義湘:625~702)대사에게서 찾아야 합니다.

의상대사는 당나라에서 귀국한 직후, 관세음보살의

흥국사 관음전 성관음탱화 : 일명 수월관음도라고도 한다. 관음의 주위에 버들가지를 꽃은 감로병, 청조, 대나무 등이 배치되어 있다.

진신眞身을 친견하기 위해 동해의 관음굴을 찾아갔습니다. 스님은 먼저 「백화도량발원문白華道場發願文」을 지었습니다.

발원문은 세세생생世世生生 관세음보살이 아미타불을 이마 위에 이고 계심과 같이 관음대성을 이마 위에 모시고 영원한 본사本師로 삼겠다는 간절한 신앙 고백과 함께, 일체 중생으로 하여금 관음의 명호를 부르게 하여 함께 원통삼매圓通三昧에 들기를 기원하는 내용을 요지로 삼고 있습니다.

의상스님은 기원했습니다.

"온 마음을 다 바치는 저의 기원이 당신의 마음 속에 살아있고, 당신 또한 내 마음속에 항상 같이 있어 떠날 수 없게 하여 주옵소서."

그리고는 쉬임없이 '관세음보살'을 염하기 시작했습니다. 그렇게 재계齋戒를 한 지 7일 만에 좌구坐具를 새벽 물속에 띄웠더니 천룡天龍 등 팔부신八部神이 굴 속 깊은 곳까지 바닷물이 밀려들어오는 관음굴 속으로 스님을 인도하였고, 스님이 굴속에서 공중을 향해 예배를 하자 수정염주水晶念珠 하나가 스님의 손에 쥐어졌습니다. 그리고 얼마 있으니 동해 왕이 나타나 여의주 한 알을 바쳤습니다. 하지만 관음의 진신은 친견할 수 없었습니다.

의상스님은 다시 7일 동안 지극한 마음으로 염불하며 정진하였고, 마침내 관세음보살님께서 모습을 나타내었습니다. 동해의 해가 떠오를 시각에 모습을 나타낸 관세음보살님은 의상스님에게 수기와 함께 법문을 해주셨고, 크게 환희하는 스님에게 '쌍죽雙竹이

나는 곳에 불전佛殿을 지으라'는 말씀을 남기고 사라졌습니다.

그 말씀에 따라 의상스님은 낙산사를 창건하고, 친견한 진신의 모습과 같은 관음상과 수정염주·여의주를 불전에 모신 다음 떠나갔습니다.

그 뒤 원효스님도 이 낙산사의 관음굴을 찾았는데, 유감스럽게도 관음보살을 친견하지는 못했으나 청조의 경책을 받았고, 이곳에서 기도성취 등의 좋은 일이 있을 때마다 청조靑鳥가 자주 나타났으므로, 사람들은 이 파랑새를 관음보살의 화현이라 여겼습니다.

＊

이상과 같은 의상대사의 관음 친견과 낙산사 창건에 근거하여 염주·보주·동해용왕·절터를 예시한 한 쌍의 청죽 그리고 청조 등이 우리나라 성관음탱화에 자리를 잡게 된 것입니다.

참된 자비를 일깨우는 십일면관음

석굴암을 찾으면 본존불 뒤쪽에 절묘하게 조각한 십일면관음상이 있습니다. 하지만 요즘은 석굴 속에 들어갈 수가 없어 십일면관음을 친견하기가 어려울 뿐더러, 왜 관세음보살님의 머리 위에 열한가지 얼굴 모습을 묘사하게 되었는지에 대해서는 거의 관심을 기울이지 않고 있습니다.

우리나라를 비롯한 중국과 일본의 십일면관음에 대한 신앙은 『십일면관음신주심경十一面觀音神呪心經』과 그 이역본인 『십일면신주심경十一面神呪心經』을 근거로 하여 전개되었습니다.

이 경에 의하면 십일면관음은 죄를 소멸하고 복을 얻게하며, 몸에 항상 병이 없게 하고, 시방제불이 거두어주고, 재물·의복·음식이 늘 풍부하고, 모든 원수와 적을 물리치고, 자비로운 이들과 함께 하고, 전염병·칼·몽둥이·물·불 등의 재난이나 나쁜 죽음을 당하지 않게 하는 등의 절대적인 능력을 갖추고 있다고 합니다.

그리고 머리에는 열한 가지 모습의 얼굴을, 왼손에는 붉은 연꽃을 꽂은 감로병을 들고 있고, 오른손에는 시무외인施無畏印을 취한 보배염주를 쥐고 있는 경우가 많습니다. 이때의 감로병은 중생의 소원을 성취시켜주는 것을, 염주는 중생의 번뇌를 단절시키는 것을 뜻합니다.

11면 속에 깃든 의미

그렇다면 머리 위의 열한 가지 얼굴, 곧 11면은 어떠한 모습과 어떠한 의미를 담고 있는 것일까? 관세음보살님의 대자비! 바로 그 자비의 진정한 의미를 11면을 통하여 구체적으로 묘사하고 있습니다.

입체적인 조각상일 경우의 '11면'은 관세음보살님의 본 얼굴 위의 두부頭部 전면에 3면의 자상(慈相, 자애로운 모습), 좌측에 진상(瞋相, 성난 모습) 3면, 우측에 백아상출상(白牙上出相, 흰 이를 드러내고 미소짓는 모습) 3면, 후면에 폭대소상(暴大笑相, 큰소리를 내면서 호탕하게 웃는 모습) 1면, 정상의 불면(佛面, 부처님 모습) 1면을 조각합니다.

경주 석굴암 11면관음보살상

그리고 또 한 분의 부처님이 정면 중앙에 묘사되어 있는 경우가 많은데, 이는 관세음보살의 근본스승인 아미타불입니다.

또한 석굴암 십일면관음처럼 부조상으로 만들 경우에는 자상과 진상을 좌우에 배치하고 백아상출상과 폭대소상을 그 위쪽에 배열하게 됩니다. 이 11가지 모습은 그냥 만들어낸 것이 아닙니다. 그 모습 하나하나에는 중생구제의 깊은 뜻이 깃들어 있습니다. 이제 이들 각 모습에 담긴 의미를 설명하기 전에 먼저 당부드리고 싶은 것이 있습니다.

'자애로운 자상', '성난 진상', '미소짓는 백아상출상', '크게 웃는 폭대소상', '불면' 등의 용어를 익혀주기 바란다는 것입니다. 왜냐하면 이 용어를 머리 속에 담고 읽어 내려가야만 심오한 관세음보살의 자비를 깨달을 수 있기 때문입니다. 이제 이들 하나하나를 살펴보도록 합시다.

자상慈相은 자심慈心을 일으켜 선한 중생을 찬양하고 있음을 나타냅니다. 관세음보살님은 언제 어디에서나 선한 중생이 당신의 가피를 바라면 자애로운 자상을 나타내어 설법을 하고 칭찬하고 소원을 성취시켜 줍니다.

그런데 어찌하여 한 면이 아닌 3면의 자상을 보이

고 있는 것인가? 제1면은 괴로움만 있고 즐거움이 없는 중생으로 하여금 모든 괴로움을 떠나 즐거움을 얻도록 하려는 것이요, 제2면은 다행히 복은 있지만 지혜가 없는 중생들로 하여금 복과 아울러 지혜를 다 갖추도록 하려는 것이며, 제3면은 지혜는 조금 있지만 통달하지 못한 중생으로 하여금 지혜와 아울러 신통력까지도 다 갖추게 하고자 자애로운 모습을 나타냅니다.

진상瞋相은 악한 중생을 보고 비심悲心을 일으켜 그를 고통에서 구하려 함을 나타낸 것입니다. 곧 탐욕과 분노와 어리석음의 탐貪·진瞋·치癡 삼독에 빠져 그릇된 업을 지으면서도 벗어나지 못할 때, 관세음보살님은 무서운 모습으로 나타나 '이놈' 하며 꾸짖습니다. 가령 어떤 사람이 좋지 않은 인연으로 남을 미워하고 시기하는 경우에 빠져서 속을 끓이고 있으면 관세음보살님은 분노의 모습을 나타내어 이를 조복합니다.

어찌하여 진상에 3면이 있는가? 제1면은 괴로움 속에서 벗어나고자 하면서도 오히려 탐진치 삼독에 빠져 있는 자를 보고 노하는 것이요, 제2면은 즐거움의 과보를 얻고자 하면서도 즐거움을 얻게 하는 착한 원인을 지을 줄 모르는 자를 보고 노하는 것이며, 셋째는 적정寂靜한 경지를 구하고자 하면서도 도리어 산란한 경계에 집착하고 있는 자를 보고 분노하는 것입니다.

곧 자상은 선한 사람, 진상은 악한 사람을 교화하기 위한 표정들입니다.

흰 이를 드러내고 웃는 **백아상출상**白牙上出相은 선악의 문제가 아니라, 깨달음의 수행인 정업淨業을 닦고 있는 이들을 보면서 더욱 불도佛道에 정진하기를 권장하는 모습입니다. 그 누구든 정업을 닦거나 중생으로 하여금 정업을 닦도록 하는 이가 있으면 관세음보살님은 흰 치아를 드러내고 미소를 짓는 백아상출상을 나타내어 그 사람을 찬양하면서 잘 정진하고 더욱 향상할 수 있게끔 인도하여 주십니다.

그럼 백아상출상에는 왜 세 가지 모습이 있는가? 그것은 몸〔身〕으로 입〔口〕으로 마음〔意〕으로 삼업三業을 청정하게 하면서 불도를 닦는 것을 찬양하기 위함입니다. 곧 불법승佛法僧 삼보三寶에 귀의하여, 탐진치貪嗔癡 삼독三毒을 다스리고, 계정혜戒定慧 삼학三學을 닦고 익혀, 신구의身口意 삼업三業을 맑히고자 하는 것입니다.

폭대소상暴大笑相은 큰소리를 내면서 호탕하게 웃는 모습입니다. 착한 자, 악한 자, 도를 닦는다며 무엇인가에 얽매여 있는 자들을 모두 포섭하여 제도하기 위해 관세음보살님은 폭소를 합니다. 이 웃음은 착하거나 악하거나 깨끗하거나 높거나를 가리지 않습니다. 선과 악, 진眞과 속俗, 생사와 열반의 상대적인 것에 집착하는 모습을 보고 대폭소를 터트립니다.

왜 폭소를 하는가? 그 폭소의 의미가 무엇인가?

"선도 악도 넘어서라. 진도 속도 넘어서라. 향상을 위해 도구로 삼았던 팔정도나 육바라밀 등의 바른 법도 필경에는 놓아버려야 한다. 차안에서 피안으로 건너갔으면 뗏목이 더 이상은 필요하지가 않다. 놓아버려라. 놓아버리고 선과 악, 진과 속, 생사와 열반이 둘이 아닌 불이不二의 경지에 들어가야 참 부처가 된다. 이것을 깨우치기 위해 나는 대폭소를 터뜨리노라."

그리고 바로 이러한 까닭으로 폭대소상을 자상·진상·백아상출상의 위에 둔 것입니다. 곧 자심도 비심도 희심도 결국은 버려야 함을 나타내기 위함이며, 자심과 비심과 희심에 대한 집착을 조금도 남김없이 비울 수 있을 때 제11번째의 얼굴인 불면佛面을 성취하여 부처님이 된다는 것을 나타낸 것입니다. 이 폭대소상이 1면인 것은 선악으로 뒤범벅이 된 뭇 중생들의 삶을 한바탕의 큰 웃음으로 웃어넘기는 까닭에 여러 모습을 나타낼 필요가 없기 때문입니다.

11면과 사무량심

전체적으로 볼 때 이 11면에 관세음보살님의 본 얼굴을 합하면 12면이 됩니다. 이 12면 중 11면은 방편면方便面이요 본 얼굴은 진실면眞實面입니다. 방편의 얼굴이 자비의 행위와 관련이 있다면 본얼굴은 지혜를 나타냅니다. 곧 지혜를 바탕으로 하여 갖가지 자비의 행을 실현하는 보살이 11면관음입니다.

일본 도성사 11면관음

 그러나 이 사바세계에는 선한 중생보다 악한 중생
이 더 많습니다. 그래서 관음은 먼저 분노의 모습을
나타내어 악한 이들의 그릇된 마음을 조복하고 선심
善心을 이룩하게 한 다음, 그들을 다시 자상으로써 교
화합니다.

 실로 관음의 중생제도에는 일정한 모습이 없습니
다. 때로는 11면을 모두 드러낼 때도 있고 혹은 1면만
을 드러낼 때도 있습니다.

결국 11면은 자비의 갖춘 말인 '자비희사慈悲喜捨' 4무량심四無量心의 실천 모습을 조형화한 것이며, 이 11면과 4무량심은 다음과 같이 연결됩니다.

· 자무량심 - 자상 3면
· 비무량심 - 진상 3면
· 희무량심 - 백아상출상 3면
· 사무량심 - 폭대소상 1면

4무량심은 한없는 사랑의 마음입니다. 선한 자에게는 자애로운 마음〔慈心·慈相〕으로, 악한 자에게는 악을 뿌리뽑기 위해 슬퍼하고 분노하는 비심〔悲心·瞋相〕으로, 불도를 닦고 정업을 닦는 자에게는 함께 기뻐하고 함께 걸으면서 환희심〔喜心·白牙上出相〕의 사랑을 베풉니다. 그러나 결국은 자심도 비심도 희심의 사랑도 넘어선 무아無我의 사랑을 하여야 함을 사심〔捨心·暴大笑相〕으로 가르치고 있으며, 이 사심의 사랑이 완성될 때 부처를 이룰 수 있다는 것을 11면의 마지막 불면佛面을 통하여 표출시키고 있는 것입니다.

중생의 근기에 따라 때로는 노하고 때로는 부드러

운 11면관음, 때로는 미소 짓고 때로는 폭소하는 11면관음. 현대를 살아가는 우리 불자들은 이 11면관음의 모습을 통하여 참되게 사랑하는 방법을 찾아야 합니다.

우리를 구원해주기 때문에 관세음보살을 찾는 관음행자가 아니라, 자비희사를 깨우치고 자비희사를 실천할 줄 아는 관음행자가 되어야 합니다. 우리가 이렇게 될 때 관세음보살님은 늘 우리와 함께 하고, 보다 큰 깨달음, 완전한 해탈의 길을 열어주십니다.

준제·여의륜·마두·불공견삭관음

이제 밀교의 7관음 중 우리나라에서 거의 신봉되지 않았던 준제관음·여의륜관음·마두관음·불공견삭관음에 대해 아주 간략히 설명한 다음 천수관음을 우리들의 마음에 심어보고자 합니다.

모성을 상징화한 준제관음

준제관음准提觀音은 엄숙한 모성을 상징화한 보살입니다. 우리 불자들에게는 '준제'라는 이름이 설지가 않습니다. 그 까닭은 천수경 속에 '준제진언' 또는 '대준제보살'이라는 명칭이 있기 때문입니다. 이 보

대흥사 준제관음보살

살이 바로 준제관음입니다.

천수경에서는 '나무칠구지불모대준제보살'이라 하였는데, 칠구지七俱指는 7억七億이라는 말이요, 불모佛母는 모든 부처님의 어머니로, 모든 부처님들이 준제보살로부터 태어나게 된다는 뜻입니다. 곧 관세음보살의 청정한 대자비가 모든 부처님의 모체가 됨을 일깨워주고 있으며, 이 보살의 공덕이 광대무변하기 그지없다는 것을 잘 나타내어 주고 있습니다.

이 준제관음은 자주 세상에 나타나 중생의 재앙을 없애주고 소원을 성취시켜주며 수명을 연장시켜줄 뿐 아니라, 복福과 부富와 관직 등을 얻을 수 있게 해준다고 합니다.

특히 지식을 구하는 이의 원을 성취시켜주고, 깨달음을 이루게 하는 권능이 월등하다고 합니다.『칠구지불모준제대명다라니경』에서는 준제진언이 '모든 재앙을 소멸시켜 부처님의 깨달음을 신속하게 얻게 하는 힘을 갖추고 있음'을 강조하고 있습니다.

그래서 조선 후기부터 우리나라의 스님들 사이에 이 준제관음의 진언인 준제주를 외우는 이들이 적지 않게 있었습니다. 진언을 외워 가피를 입으면 득력得力을 하고 도를 통할 수 있게 된다고 믿고 있기 때문입니다.

하지만 얻는 것만큼 마장魔障도 깊은 것이 준제주 기도입니다. 조급한 마음으로 잘못 기도하여 미치거나 불구가 되는 이도 있으므로, 지도를 해주는 스승 없이 함부로 많이 외워서는 안 됩니다.

이 준제보살은 세 개의 눈[三目]에 열여덟 개의 팔을 가진 모습을 정형으로 삼고 있으며, 때로는 두 팔 또는 4 · 6 · 8 · 10 · 32 · 82의 팔로 묘사하기도 합니다.

이 때의 세 눈은 중생의 세 가지 장애인 미혹[惑]과 죄업[業]과 괴로움[苦]을 남김없이 제거하여 맑고 깨끗한 마음을 갖게 한다는 것을 상징화한 것이라고 합니다. 그리고 18수의 각각에는 염주 · 연꽃 · 법륜 · 감로병 · 소라 · 노끈 · 칼 · 도끼 · 경전 등을 하나씩 쥐고 있습니다.

중국과 일본에는 이러한 준제보살의 상이나 그림이 많이 전해지고 있습니다. 그러나 우리나라에서는 오래된 준제보살상이 전혀 보이지 않으며, 탱화로는 해남 대흥사에 18세기 초 초의스님이 그렸다고 전해지는 준제보살도가 한 폭 남아있을 뿐입니다.

재물을 만족시켜 주는 여의륜관음

여의륜관음如意輪觀音은 여의보주如意寶珠의 삼매 속에서 항상 법륜法輪을 굴려 중생을 교화하는 보살로서, 부귀 · 권력 · 지혜 등의 모든 염원을 성취시켜

주는 것으로 신앙되고 있습니다.

곧 여의륜관음은 세간의 재물과 출세간의 재물을 동시에 만족시켜주는 분입니다. 그럼 무엇이 세간의 재물이요 출세간의 재물인가? 돈·권력·명예가 세간의 재물이며, 복덕福德과 진리를 성취할 수 있도록 하는 지혜智慧가 출세간의 재물입니다.

여의륜관음은 팔이 여섯 개인 육비六臂의 좌상坐像으로 모시는 경우가 대부분입니다. 육비 중 오른쪽 첫째 손은 뺨에 대고 중생을 구제할 방법을 생각하는 사유상을 취하고 있으며, 둘째 손에는 여의보주, 셋째 손에는 염주를 쥐고 있습니다. 왼쪽 첫째 손은 아래쪽의 산을 누르고 있고, 둘째 손은 연꽃, 셋째 손은 법륜을 쥐고 있는 경우가 많습니다.

이 여섯 개의 팔은 육도六道를 윤회하는 중생들을 제도한다는 것을 나타냄과 동시에 육바라밀六波羅蜜을 닦게 한다는 것을 보여주고 있습니다. 이 여의륜관음은 동양 삼국 중 특히 일본에서 널리 신봉되고 있습니다. 하지만 우리나라에서는 연대가 있는 불상이나 불화가 전무한 상태이며, 여의륜관음을 염송하거나 기도하였다는 기록 또한 찾아볼 수가 없습니다.

분노의 모습을 띤 마두관음

마두관음馬頭觀音은 말을 신격화시킨 마신馬神신앙이 강하였던 인도 고대 종교의 영향을 받아 출현한 것으로 보고 있습니다. 얼굴은 분노의 모습을 하고 있으며, 머리 위에는 말의 머리가 안치되어 있습니다.

자비를 본원으로 삼고 있는 관세음보살의 성격과는 정반대로 얼굴에 분노의 모습을 띠고 있는 것은 마장魔障을 분쇄하고 악을 극복케 하고자 함이요, 마두를 안치한 것은 전륜성왕轉輪聖王의 준마가 천하를 달리듯이 신속하게 악한 마음을 깨뜨리고 대자비를 실천한다는 것을 상징화한 것이라고 합니다. 그러나 우리나라에는 오래된 마두관음상을 전혀 찾아볼 수 없습니다.

그리고 팔은 여섯으로 묘사하는 경우가 많은데, 오른쪽 세 손에는 검劍·화살·뱀을 쥐고 있고, 왼쪽 세 손에는 금강저·활·여의如意를 쥐고 있습니다. 흔히들 축생을 관장하고 구제하는 관세음보살이라 칭하고 있으며, 특히 말의 병과 안전을 빈다고 합니다.

극악중생도 구제하는 불공견삭관음

불공견삭관음不空羂索觀音의 '불공不空'은 헛되지
않다는 뜻이요, '견羂'은 새나 짐승을 잡는 그물, '삭
索'은 고기를 낚는 낚싯줄에 비유한 것입니다. 이 불
공견삭관음은 고대 인도의 수렵도구인 견삭을 가지
고 극악하기 짝이 없는 중생까지도 남김없이 구제하
는 대자비의 보살이라고 합니다.

곧 견삭으로 새·짐승·물고기 등을 틀림없이 잡을
수 있는 것처럼, 이 보살님이 번뇌의 사바세계에 그물
을 두루 펼쳐 중생을 구해내고, 생사윤회生死輪廻의
고해苦海에 낚싯줄을 드리워서 고뇌 중생을 건져낸다
는 것을 이름을 통하여 나타낸 것입니다.

이러한 불공견삭관음을 신봉하면 살아생전에는 병
이 낫고 재물이 풍성해지고 적과 악귀에 대한 두려움
이 사라지고 다른 사람들로부터 존경을 받는 등의 20
종 공덕이 있고, 죽을 때는 고통이 없고 승려의 모습
으로 변화한 관세음보살이 극락정토로 인도하는 등
의 8종 이익이 있다고 합니다.

또한 이 보살은 보시布施·애어愛語·이행利行·동

사동事의 사섭법四攝法을 적절히 구사하여 중생을 제도합니다. 형상은 하나의 얼굴에 팔이 네 개인 일면사비一面四臂 또는 삼면사비三面四臂·삼면팔비三面八臂 등으로 묘사되고 있습니다. 그러나 이 불공견삭관음 역시 우리나라에서는 찾아볼 수 없습니다.

가장 힘 있는 구제자 천수관음

천수천안을 갖춘 인연

여러 관음들 중에서 가장 힘 있는 구제자로 신봉되고 있는 천수관음의 갖춘 이름은 '천수천안관세음보살千手千眼觀世音菩薩'입니다. 관세음보살님이 어떻게 하여 천수천안을 갖추게 되었는지는 '신묘장구대다라니'를 담고 있는 『천수천안관세음보살광대원만무애대비심다라니경』에 잘 묘사되어 있습니다.

❀

석가모니부처님께서는 관세음보살의 정토인 보타락가산의 보장엄도량寶莊嚴道場에서 법회를 열었습니다. 그때 대중 속에 있던 관세음보살이 은밀히 신통을 발하여 시방국토를 밝게 비추자, 삼천대천세계가 크게 진동하면서 모두 금빛으로 바뀌었습니다. 일찍이 이러한 일을 경험하지 못했던 대중들은 '왜 모든 국토가 금빛으로 바뀌었으며, 누가 이러한 신통력을 발하였는지'를 여쭈었습니다.

이에 부처님께서 '무량겁 전에 대자대비를 성취한 관세음보살이 중생들을 위해 대신통력을 발한 것'이라고 설하시자, 관세음보살이 자리에서 일어나 합장하고 아뢰었습니다.

"세존이시여, 저에게 대비심다라니주가 있습니다. 이를 지금 설하고자 하오니, 자비로써 가엾이 여겨 허락하여 주옵소서."

"그대가 대자비로써 중생들을 안락하게 하기 위해 신주神呪를 말하고자 하는구나. 지금이 바로 그때이니라. 빨리 말하여라. 이 여래도 기뻐하고 다른 부처님도 기뻐하시느니라."

이때 관세음보살께서는 신묘장구대다라니를 얻고 천수천안을 갖추게 된 인연을 대중들에게 들려주었습니다.

"과거 무량억겁 전 천광왕정주여래千光王靜住如來

는 중생들을 어여삐 여겨 대비심다라니를 설하신 다음, 황금빛 손으로 저의 정수리를 만지며 부촉했습니다.

'선남자야, 너는 이 대비심다라니로 악업과 중죄를 지은 미래 세상의 모든 중생을 크게 이익 되게 하고 안락하게 만들어야 하느니라.'

그때 저는 보살의 마지막 열 가지 경지인 십지十地 중에서 가장 낮은 초지初地의 환희지歡喜地에 머물고 있었는데, 이 다라니를 한 번 듣고서 곧바로 제8지인 부동지不動地로 뛰어올랐습니다. 이에 크게 환희심을 느낀 저는 생각했습니다.

'나는 중생의 안락과 이익을 위해 살 것이다. 하지만 중생에게 안락과 이익을 주기에는 이 두 개의 손과 두 개의 눈만으로 할 수 있는 것이 너무도 적구나. 나에게 천 개의 손과 천 개의 눈이 있다면, 수많은 중생을 동시에 구하고 안락함을 안겨줄 수 있으리라.'

그리고는 서원을 세웠습니다.

'내가 오는 세상의 모든 중생에게 이익을 줄 수 있고 모든 중생을 안락하게 할 수 있다면, 지금 즉시 나의 몸에 천 개의 손과 천 개의 눈이 갖추어지이다.'

그 순간, 1천 부처님께서 방광을 하여 저의 몸과 시방 세계를 비추었고 저는 순식간에 천 개의 손과 천 개의 눈을 갖추게 되었습니다. 천수천안이 된 것입니다.”

§

바로 이것입니다. 나의 이익과 안락을 위함이 아니라, 큰 환희로움 속에서 일체중생을 안락하게 하고 이익 되게 하겠다는 마음이 가득했기 때문에 천수천안을 갖추게 된 것입니다.

기적은 그냥 일어나는 것이 아닙니다. 나의 이기심을 버리고 뭇 생명 있는 이들을 살리고자 할 때 기적이 일어납니다. 그리고 대자비의 마음이 한없이 커질 때 천수천안을 이루는 것과 같은 대기적이 일어나는 것입니다.

기도를 하는 우리는 이 이야기를 통하여 꼭 명심해야 할 것이 있습니다. 그것은 이기심이 아니라 자비심을 키우면서 기도하고 살아가야 한다는 것입니다.

‘아, 내가 관세음보살님께 자비를 구하는 것처럼, 사람들 중에는 나의 도움을 받을 이들이 있으리라. 나도 그들에게 능력껏 자비를 베풀어 주리라.’

이렇게 마음을 먹고 기도를 하면 관세음보살님의

밀양 표충사 관음전 천수관음탱화 : 문성스님 작. 1930년

가피를 입을 수 있게 됩니다. 아니, 바로 그 순간에 관
세음보살님의 가피가 함께하게 됩니다. 왜 입니까?
관세음보살님과 내 마음의 주파수가 일치하였기 때
문입니다.

　꼭 명심하십시오. 이기심을 내려놓고 자비를 실천

하며 살아갈 때, 대우주에 가득 차 있는 대행복과 대
평화와 대해탈의 기운이 나의 것이 된다는 사실을….

천수관음 기도인은 10대원을

한 걸음 더 나아가 관세음보살님께서는 아주 중요
한 원을 품을 것을 청하고 있습니다.

그것은 자비심을 발하는 것이며 구체적으로는 천수
경의 앞부분에 있는 원아속지일체법 등의 열 가지 원
을 발하라는 것입니다. 많은 불자들이 익히 알고 있
겠지만 다시 한 번 풀어봅니다.

대자대비 관세음께 귀의하오니 南無大悲觀世音
일체법을 속히알게 하여지이다 願我速知一切法
지혜의눈 빨리얻게 하여지이다 願我早得智慧眼
온갖중생 속히제도 하여지이다 願我速度一切衆
좋은방편 빨리얻게 하여지이다 願我早得善方便
반야선에 속히타게 하여지이다 願我速乘般若船

고통바다 빨리넘게 하여지이다 願我早得越苦海
계와선정 속히얻게 하여지이다 願我速得戒定道
원적산에 빨리서게 하여지이다 願我早登圓寂山
무위사에 속히들게 하여지이다 願我速會無爲舍
법성신을 빨리성취 하여지이다 願我早同法性身
  '나무대비관세음'을 외우며 발하는 위의 열 가지
원을 다시 간추리면 다섯 가지로 압축됩니다.

  ① 일체법을 속히 알아 지혜의 눈을 얻고
  ② 좋은 방편 빨리 얻어 온갖 중생 제도하고
  ③ 반야용선 속히 타서 고통바다 잘 건너고
  ④ 계와 선정 속히 얻어 원적산에 잘 오르고
  ⑤ 무위사에 속히 들어 법성신을 성취하자는 것

  이 원들이 무엇입니까? 단순한 세속적인 원이 아닙
니다. 진리를 깨닫고 중생을 제도하고 불도를 닦아
부처가 되겠다는 원을 발하라는 것입니다.
  우리가 지금은 비록 세속적인 원을 발하며 기도하
고 있을지라도 10대원을 잊어서는 안 된다는 것을 강
조하고 있습니다.

믿음 깊은 이가 얻는 공덕

이렇게 열 가지 발원을 한 다음, 천수관음을 믿고 신묘장구대다라니를 외우면 열 가지 공덕이 생겨납니다.

① 안락함을 얻고
② 모든 병이 낫고
③ 긴 수명을 얻고
④ 풍요로움을 누리고
⑤ 모든 악업과 중죄가 소멸되며
⑥ 장애와 고난이 떠나고
⑦ 청정한 법과 공덕이 늘어나고
⑧ 모든 선근을 성취하고
⑨ 온갖 두려움을 벗어나며
⑩ 바라는 바 모든 것을 속히 얻게 됩니다.

또한 열다섯 가지 좋은 삶을 얻게 되니
① 태어나는 곳마다 훌륭한 왕을 만나고
② 늘 좋은 나라에서 태어나고

③ 늘 좋은 시절을 만나고

④ 늘 어진 벗을 만나고

⑤ 눈·귀 등 모든 기관의 기능이 뛰어나고

⑥ 도심道心이 잘 자라고

⑦ 계를 범하지 않고

⑧ 모든 권속이 은혜와 의리를 알고 화평·순수하며

⑨ 살림살이·재물·음식이 늘 풍족하고

⑩ 항상 다른 사람의 공경과 보살핌을 받고

⑪ 재물을 타인에게 빼앗기지 않으며

⑫ 구하는 바가 뜻과 같이 이루어지고

⑬ 천룡天龍 등의 선신들이 항상 옹호하고

⑭ 태어나는 곳마다 부처님을 만나 법문을 듣고

⑮ 바른 법의 깊은 이치를 깨닫게 됩니다.

이 밖에도 좋은 벼슬, 좋은 친구, 좋은 자녀를 얻게
되고, 일의 성취와 부자되기 등 어떠한 소원도 천수관
음은 버리지 않고 다 포용합니다.

그리고 신묘장구대다라니를 하루에 다섯 편씩 계속
외우면 고난이 사라지고, 매일 21편 내지 49편을 외
우면 백천만억겁의 생사중죄가 소멸될 뿐 아니라, 임

종할 때 시방의 여러 부처님께서 오셔서 손을 잡아주고, 어떠한 불국토든지 원하는 곳에 태어날 수 있다고 하였습니다.

그럼 이제 우리는 어떻게 해야 할까요? 간단합니다. 대비심을 발하면서 천수관음에 대한 의심 없는 굳건한 믿음으로 신묘장구대다라니를 외우거나 쓰면 됩니다. 이렇게만 하면 틀림없이 일체 재앙과 업장이 소멸되고 심중소원이 성취되며, 15가지 좋은 삶까지 능히 누릴 수 있습니다.

과연 이것이 어렵습니까? 결코 아닙니다.

관세음보살과 신묘장구대다라니를 굳게 믿으십시오. 흔들림 없는 신심으로 의심 없이 기도하면 틀림없이 원을 성취하게 될 뿐 아니라, 기적과 같은 체험도 능히 할 수 있게 됩니다.

결코 다른 요구는 없습니다. 신심! 천수관음의 요구는 오직 신심입니다. 그리고 이기심이 아닌 자비심입니다. 깊은 신심이면 관세음보살님의 대자비심과 신묘장구대다라니의 위신력을 능히 움직여 우리의 원하는 바를 꼭 이룰 수 있게 됩니다.

영험담과 약식화된 천수관음상

천수관음과 신묘장구대다라니에 대한 영험담으로는, 다섯 살 된 희명의 아들이 눈이 멀게 되자 분황사의 천수관음 앞으로 나아가 기도를 한 『삼국유사』의 기록을 시작으로 많이 전해지고 있습니다.

❀

신라 경덕왕 때 한기리에 살았던 여인 희명希明의 아들은 다섯 살이 되었을 때 갑자기 눈이 멀게 되었습니다. 온갖 노력을 기울였으나 치료를 할 수 없었던 어머니 희명은 분황사 좌전左殿의 북쪽에 그려진 천수관음 앞으로 아들을 데리고 가서 간절한 기원을 섞어 한 편의 향가鄕歌를 부르게 하였습니다.

무릎 곧추며 두 손바닥 모아
천수관음 앞에 비옴을 두나이다
즈믄 손 즈믄 눈을
하나를 놓아 하나를 더옵기
둘 없는 내라
하나로 그윽히 고쳐질 것이라

아아, 나에게 끼쳐 주시면

놓되 쓸 자비여 얼마나 큰고

〈도천수관음가 禱千手觀音歌〉또는 〈도천수대비가〉
라는 이 향가를 부르자 아이는 눈을 뜨게 되었다고 합
니다.

§

아이와 어머니는 노래를 부르며 빌고 또 빌었습니
다. 관세음보살의 천 개의 눈과 천 개의 손 중에서 하
나의 눈을 주시면 두 눈이 모두 없는 '나'는 광명을
얻을 수 있으니, 부디 큰 자비를 내려주옵기를 간절히
기도하였습니다. 천수관음은 이 노래에 감응하여 아
이의 눈을 뜨게 하였고, 이 영험이 알려지자 수많은
백성들이 천수관음 앞에서 행복을 빌었다고 합니다.
(최근에 발간한 졸저『신묘장구대다라니 기도법』에 다양한
영험담이 수록되어 있음. 참고하시기 바람.)

우리나라에서는 이 천수관음에 대한 신앙이 신라시
대 때부터 꾸준히 이어져 왔고 지금도 매우 큰 비중을
차지하고 있지만, 오래된 천수관음상이나 천수관음
탱화는 거의 찾아보기가 힘듭니다.

그리고 탱화를 모실 때는 1천 개의 손과 1천 개의 눈을 모두 묘사하지만, 조각상으로 모실 때 아주 큰 불상을 만들 경우를 제외하고는 1천 개의 손을 모두 묘사하기가 매우 힘이 듦으로, 천수 대신 42수手만 표출시키는 경우가 많습니다.

곧 42수 중 합장한 두 손은 본래 가지고 있는 것이고, 나머지 40수는 그 하나하나의 손이 25유有(25유형)의 중생을 제도하므로 40×25=1000수가 되는 것입니다. 여기서의 25유는 지옥부터 천상까지의 육도중생을 보다 자세히 분류하여 25계층으로 나타낸 것입니다.

1천 개의 손을 약식화한 천수관음의 42수 중, 가운데의 합장한 두 손을 제외한 좌우 40개의 손에는 각각 한 가지의 독특한 물건을 쥐고 있습니다. 여의주 · 바루 · 석장 · 칼 · 도끼 · 금강저 · 활 · 화살 · 해 · 달 · 감로병 · 연꽃 · 부처님 등등…. 그런데 이 손에 쥔 하나하나의 지물持物들은 중생들의 갖가지 원을 성취시켜주는 데 사용되는 용구들입니다.

여의주는 보배와 재물을 마음대로 얻도록 해주는 것이고, 바루는 불안으로부터 안락安樂을 구하는 중생을 위한 것이며, 도끼는 일체고를 끊는 도구입니다.

이렇듯 42수관음의 한량없는 자비와 공덕은 고통받는 중생을 구원해줄 뿐 아니라 세간의 낙을 추구하는 이의 소원까지 버리지 않습니다.

결코 잊지 마십시오. 천수관음께서 천 개의 눈과 천 개의 손을 가지고 계신 까닭은 당신 자신을 위해서가 아닙니다. 바로 우리를 위해 가지고 계신 것입니다.

관음의 다양한 응신

법화경 33응신과 능엄경 32응신

앞에서 우리는 성관음 · 십일면관음 · 천수관음 · 여의륜관음 · 준제관음 · 마두관음 · 불공견색관음 등의 7관음을 통하여 관세음보살님의 구원능력과 자비의 참뜻, 각 관음의 모습 속에 깃든 의미와 우리 불자들이 새겨야 할 바에 대해 공부해 보았습니다.

이제 중생들 앞에 모습을 나타내는 관세음보살님의 응신應身, 곧 중생의 부름에 응하여 어떤 모습을 나타내는가에 대해 살펴보고자 합니다.

경전상으로 볼 때 관음의 응신은 크게 두 가지 설로 나누어집니다. 하나는 『법화경』관세음보살보문품(관

음경) 속의 33응신설이요, 다른 하나는 『능엄경』속의
32응신설입니다.

　이 32응신과 33응신은 다시 1.성인聖人의 몸 2.천신
天神의 몸 3.사람의 몸 4.사부대중 5.부인의 몸 6.아이
의 몸 7.팔부신장의 몸 8.기타 등의 여덟 가지 유형으
로 나눌 수 있습니다.

　이를 도표로 나타내면 다음과 같습니다.

【표】

응신의 유형	법화경 33응신	능엄경 32응신
1.성인의 몸	① 불신佛身	① 불신
	② 벽지불	② 독각
		③ 연각
	③ 성문	④ 성문
2.천신의 몸	④ 범천왕	⑤ 범천왕
	⑤ 제석천	⑥ 제석천
	⑥ 자재천	⑦ 자재천
	⑦ 대자재천	⑧ 대자재천
	⑧ 천대장군	⑨ 천대장군
	⑨ 비사문천	⑩ 사천왕
		⑪ 사천왕 태자
3.사람의 몸	⑩ 소왕小王	⑫ 인왕人王
	⑪ 장자長者	⑬ 장자
	⑫ 거사居士	⑭ 거사
	⑬ 재관宰官	⑮ 재관
	⑭ 바라문	⑯ 바라문

4.사부대중	⑮ 비구	⑰ 비구
	⑯ 비구니	⑱ 비구니
	⑰ 우바새	⑲ 우바새
	⑱ 우바이	⑳ 우바이
5.부인의 몸	⑲ 장자부인	㉑ 여왕·왕비·
	⑳ 거사부인	왕의 여인·
	㉑ 재관부인	대신의 부인
	㉒ 바라문부인	
6.아이의 몸	㉓ 동남童男	㉒ 동남
	㉔ 동녀童女	㉓ 동녀
7.팔부신의 몸	㉕ 천天	㉔ 천
	㉖ 용龍	㉕ 용
	㉗ 야차	㉖ 야차
	㉘ 건달바	㉗ 건달바
	㉙ 아수라	㉘ 아수라
	㉚ 가루라	
	㉛ 긴나라	㉙ 긴나라
	㉜ 마후라가	㉚ 마후라가
8.기타	㉝ 집금강신	㉛ 인人(사람)
		㉜ 비인非人

  이상의 표를 통하여 우리는 두 경전의 설이 크게 다르지 않다는 것을 쉽게 파악할 수 있습니다. 다만
1.성인의 몸에서 법화경의 ②벽지불을 능엄경에서는 ②독각과 ③연각의 둘로 나누고 있다는 것.
2.천신의 몸에서 법화경은 ⑨비사문천을, 능엄경은

⑩사천왕과 ⑪사천왕 태자의 둘로 나눈 것.

5. 부인의 몸에서 법화경은 ⑲장자부인 ⑳거사부인 ㉑재관부인 ㉒바라문부인 등 네 종류의 부인을 각각 열거하였는데, 능엄경에서는 하나로 묶었다는 것.

7. 팔부신의 몸에서 능엄경은 가루라를 빠뜨리고 있다는 것.

8. 기타의 몸에서 법화경은 금강역사인 ㉝집금강신을 들었는데, 능엄경은 ㉛사람[人]과 ㉜사람이 아닌 것[非人]의 둘로 나누고 있다는 정도의 차이만을 보이고 있을 뿐입니다.

원願따라 나타내는 응신

그럼 어떤 이들에게 이와 같은 응신을 나타내어 보이는가? 이에 대해서는 법화경 보다 능엄경이 조금 더 구체적으로 밝히고 있습니다.

『법화경』에서는 한결같이 "부처의 몸으로 응하여 제도해야 할 이에게는 부처의 몸을 나타내어 법을 설하고, 벽지불의 몸으로 응하여 제도해야 할 이에게는 벽지불의 모습을 나타내어 법을 설하며….” 등으로 되어 있습니다.

곧 ‘○○의 몸으로 응하여 제도할 이에게는 ○○의 몸을 나타낸다’고만 하였을 뿐, 어떤 이유 때문에 기도를 하는 이 앞에 그와 같은 몸을 나타내는지에 대한 까닭은 밝히지 않고 있습니다.

하지만 『능엄경』에서는 어떤 원을 갖고 기도를 할 때 어떤 몸을 나타내어 소원을 성취시켜 주는지를 구체적으로 설하고 있습니다. 그러므로 여기에서는 『능엄경』의 내용을 옮겨 이해를 돕고자 합니다.

“세존이시여!
① 어떤 보살이 삼매三昧에 들어가서 번뇌가 없어지는 수행을 하여 수승한 깨달음을 원만하게 이루고자 하면, 저는 ‘부처님의 몸’으로 나타나 법문을 설하여 해탈케 하고
② 도를 배우고 닦는 이가 고요하고 밝고 오묘한 도를 뚜렷하게 나타내고자 하면, 저는 그 앞에 ‘독각의 몸’으로 나타나 법문을 설하여 해탈케 하고

③ 도를 배우고 닦는 이가 12인연을 끊어 좋고 묘한
성품을 뚜렷하게 나타내고자 하면, 저는 그 앞
에 '연각緣覺의 몸'으로 나타나 법문을 설하여
해탈케 하고

④ 도를 배우고 닦는 이가 4제四諦가 공空한 것임을
깨달아 열반의 경지를 얻고 수승한 성품을 뚜렷
이 나타내고자 하면, 저는 그 앞에 '성문聲聞의
몸'으로 나타나 법문을 설하여 해탈케 하고

⑤ 어떤 중생이 음욕의 마음을 분명히 깨달아 음욕
을 범치 않는 깨끗한 몸을 만들고자 하면, 저는
그 앞에 '범천왕梵天王의 몸'으로 나타나 성취케
하고

⑥ 어떤 중생이 제석천왕이 되어 여러 하늘을 거느
리려 하면, 그 앞에 '제석천帝釋天의 몸'으로 나
타나 성취케 하고

⑦ 어떤 중생이 그 몸으로 시방세계를 마음대로 다
니고자 하면, 그 앞에 '자재천신自在天神의 몸'
으로 나타나 성취케 하고

⑧ 어떤 중생이 그 몸으로 허공을 마음대로 날아다
니고자 하면, 그 앞에 '대자재천大自在天의 몸'

으로 나타나 성취케 하고

⑨ 어떤 중생이 귀신을 거느리고 국토를 수호하려 하면, 그 앞에 '천대장군天大將軍의 몸'으로 나타나 성취케 하고

⑩ 어떤 중생이 세계를 통솔하고 중생을 보호하려 하면, 그 앞에 '사천왕四天王의 몸'으로 나타나 성취케 하고

⑪ 어떤 중생이 천궁天宮에 나서 귀신을 부리려 하면, 그 앞에 '사천왕 태자의 몸'으로 나타나 성취케 하고

⑫ 어떤 중생이 인간의 왕이 되려 하면, 그 앞에 '임금〔人王〕의 몸'으로 나타나 성취케 하고

⑬ 어떤 중생이 양반 중에 으뜸가는 이가 되어 세상에서 받들어 주기를 좋아하면, 그 앞에 '장자長者의 몸'으로 나타나 성취케 하고

⑭ 어떤 중생이 유명한 말을 하면서 청정하게 살려 하면, 그 앞에 '거사居士의 몸'으로 나타나 성취케 하고

⑮ 어떤 중생이 나라의 제도를 잘 마련하여 훌륭하게 다스리고자 하면, 그 앞에 '재관宰官의 몸'으

로 나타나 성취케 하고

⑯ 어떤 중생이 술수術數와 의학을 배워 몸을 조섭하고 생명을 보호하려 하면, 그 앞에 '바라문婆羅門의 몸'으로 나타나 성취케 하고

⑰ 어떤 남자가 배우기를 좋아하고 출가하여 계율을 잘 지키려 하면, 그 앞에 '비구比丘의 몸'으로 나타나 성취케 하고

⑱ 어떤 여자가 배우기를 좋아하고 출가하여 금계禁戒을 잘 가지려 하면, 그 앞에 '비구니比丘尼의 몸'으로 나타나 성취케 하고

⑲ 어떤 남자가 5계를 잘 수지受持하려 하면, 그 앞에 '우바새優婆塞의 몸'으로 나타나 성취케 하고

⑳ 어떤 여자가 5계를 잘 수지하려 하면, 그 앞에 '우바이優婆夷의 몸'으로 나타나 성취케 하고

㉑ 어떤 여인이 몸을 바쳐 집안일이나 나라 일을 잘 다스리려 하면, 그 앞에 '여왕·왕비·대신의 부인 몸'으로 나타나 성취케 하고

㉒ 어떤 중생이 남근男根을 잘 보전하려 하면, 그 앞에 '동남童男의 몸'으로 나타나 성취케 하고

㉓ 어떤 처녀가 처녀의 몸을 사랑하여 정조를 파하

지 아니하려 하면, 그 앞에 '동녀童女의 몸'으로
나타나 성취케 하고

㉔ 어떤 천인天人이 하늘 무리에서 벗어나기를 원
한다면, 그 앞에 '천天의 몸'으로 나타나 성취케
하고

㉕ 어떤 용이 용들의 무리에서 벗어나기를 원하면,
그 앞에 '용龍의 몸'으로 나타나 성취케 하고

㉖ 어떤 야차가 야차의 무리에서 벗어나려 하면, 그
앞에 '야차의 몸'으로 나타나 해탈케 하고

㉗ 어떤 건달바가 그들의 무리에서 벗어나려 하면,
그 앞에 '건달바의 몸'으로 나타나 해탈케 하고

㉘ 어떤 아수라가 그들의 무리에서 벗어나려 하면,
그 앞에 '아수라의 몸'으로 나타나 해탈케 하고

㉙ 어떤 긴나라가 그 무리에서 벗어나려 하면, 그
앞에 '긴나라의 몸'으로 나타나 해탈케 하고

㉚ 어떤 마후라가가 그 무리에서 벗어나려 하면, 그
앞에 '마후라가의 몸'으로 나타나 해탈케 하고

㉛ 어떤 중생이 사람[人]을 좋아하여 사람 될 도道를
닦으면, 저는 그 앞에 '사람의 몸'으로 나타나
법을 설하여 성취케 하고

㉜ 사람 아닌 이(非人)로서 형상이 있는(有形) 이나 형상이 없는(無形) 이나 생각이 있는(有想) 이나 생각이 없는(無想) 이들이 그 무리에서 벗어나려 하면, 저는 그 앞에 '그들과 같은 몸'으로 나타나 법을 설하여 해탈케 하옵니다.

이것을 이름하여 여러 국토에 들어가는 묘한 힘을 마음대로 쓰는 32응신이라 하옵니다."

32가지 또는 33가지 몸을 자유자재로 나타내어 모든 중생의 원願을 반드시 성취시켜주고자 하는 관세음보살님. 이와 같이 관세음보살님은 '관세음보살'을 부르고 예배공양을 하는 모든 중생들에게 가장 적절한 모습을 나타내어 법을 설하여 주십니다. 무슨 법을 설하여 주시는가? 바로 해탈법解脫法, 소원 성취법을 설하여 주십니다.

물론 설한다고 하여 말만 하는 것이 아닙니다. 적절한 행동을 취하거나 감로수·약·책·열쇠 등의 무엇인가를 주어 원을 성취시켜 주십니다.

그리고 관세음보살님은 단순하게 고난의 문제만을 해결해 주시는 분이 아닙니다. 관세음보살님의 궁극

목표는 득도得度에 있습니다.

득도의 '도度'는 발고여락拔苦與樂이요 바라밀波羅蜜입니다. 따라서 고를 뿌리 뽑아 행복하게 살 수 있도록 하는 것이며 바라밀을 얻도록, 피안의 세계에 이르도록 하는 것입니다.

이것이 관세음보살님의 목표입니다. 우리 모두 이를 잘 새겨, 눈앞의 소원이 이루어진 다음에도 완전한 행복의 자리인 열반의 경지에 이를 때까지 관세음보살님께 의지하여 꾸준히 정진해야 합니다.

그리고 또 한 가지 새겨할 점은 '관세음보살님께서는 어떤 이에게 몸을 나타내어 설법을 해주시고 뜻을 이루게 해주시는가' 하는 것입니다. 마냥 관세음보살을 부르기만 하는 사람? 열심히 예배 공양하는 사람? 아닙니다. 소원을 품고 있는 자입니다.

절대로 잊지 마십시오. 원이 없는 이는 관세음보살님께서 돌아보지 않습니다. 반대로 원이 강하면 강할수록 관세음보살님께서는 빨리 돌아보십니다.

그러므로 우리는 관세음보살을 찾기 전에 스스로를 더욱 참되게 만들어줄 수 있는 원을 세워야 합니다. 무엇보다 먼저 '나'의 원을 세워야 합니다.

원이 없는 이의 기도는 관세음보살님께서 듣지 않습니다. 원이 없는 이는 관세음보살의 응신을 보지 못합니다. 원을 세워 지극정성으로 기도하는 이의 앞에 관세음보살님께서는 가장 적절한 모습을 나타내어 이끌어주신다는 것을 꼭 명심하기 바랍니다.

어떠한 원이라도 좋습니다. 포기하지 마십시오. 원을 세우고 관세음보살님의 대자대비 속으로 들어가십시오. 두려움 없음을 베풀어주는 시무외자施無畏者인 관세음보살님께서는 틀림없이 우리와 함께하게 되고, 관세음보살님과 함께하는 이상 우리는 평화롭습니다.

이제 우리는 주저할 까닭이 없습니다. 정녕 이와 같은 분이 관세음보살일진대, 관세음보살님께 기도하기를 주저할 까닭이 무엇입니까? 참으로 나의 해탈과 행복과 평화와 향상을 위해 관세음보살님을 깊이 깊이 신봉해야 합니다.

삼십삼관음 三十三觀音

33관음은 관음신앙이 생겨난 이래 인도·중앙아시아·중국·한국·티벳 등지에서 실제로 중생 앞에 모습을 나타내었던 33종류의 관세음보살님을 지칭한 것입니다.

먼저 33관음에 대해 간략히 정리해 보겠습니다.

① 오른손에 버들가지를, 왼손에 정병을 들고 나타나 중생의 원을 성취시켜주는 양류관음 楊柳觀音

② 구름 속을 나르는 용의 등에 앉거나 서 계신 용두관음 龍頭觀音

③ 바위 위에 앉아 경을 들고 있는 지경관음 持經觀音

④ 둥근 오색 빛 속에 합장하고 앉아 있는 원광관음 圓光觀音

⑤ 상서러운 오색 구름을 타고 자유로운 자세로 서 있거나 앉아있는 유희관음 遊戱觀音

⑥ 흰 옷을 입고 왼손에는 연꽃을 오른손은 여원인 與願印을 취하고 있는 백의관음 白衣觀音

⑦ 연못 속의 연꽃 위에 합장을 하고 있거나 비스듬히 누워있는 연와관음 蓮臥觀音

⑧ 바위에 앉아 폭포를 바라보는 농견관음瀧見觀音

⑨ 왼손에 연꽃 또는 여의주를 쥐고, 오른손을 뺨에 대고 앉아 있는 시약관음施藥觀音

⑩ 손에 물고기가 가득 담긴 바구니를 들고 있거나 큰 물고기를 타고 있는 어람관음魚籃觀音

⑪ 가부좌를 취하고 앉아 오른손에 버들가지를 들고 왼손을 무릎에 대고 있는 덕왕관음德王觀音

⑫ 푸른 물결 위의 바위 위에서 물에 비친 달을 조용히 바라보고 있는 수월관음水月觀音

⑬ 한 잎의 연꽃을 타고 물 위를 편안하게 떠다니는 일엽관음一葉觀音

⑭ 중생을 구하기 위해 맹독을 마셔 목이 푸른색으로 변하였다는 청경관음靑頸觀音

⑮ 악한 무리를 절복시키고 약한 자를 애호하는 위덕관음威德觀音

⑯ 요마妖魔의 독을 제거하고 복과 수명을 늘여주는 연명관음延命觀音

⑰ 나찰의 난을 벗어나게 하며, 꽃과 풀이 가득한 땅에 자유롭게 앉아 있는 중보관음衆寶觀音

⑱ 산 위의 석굴에 앉아 물빛·산색·숲 등을 감상

하는 암호관음巖戶觀音

⑲ 해변의 바위 위에 서서 해로海路를 지켜주는 능
정관음能靜觀音

⑳ 바위 끝에 앉아 어민이나 항해하는 상인들을 악
귀로부터 보호하는 아뇩관음阿耨觀音

㉑ 피부가 희며, 세 개의 눈과 네 개의 팔로 중생들
을 구원하는 아마제관음阿摩提觀音

㉒ 팔은 네 개요, 천 개의 잎으로 만든 옷을 입고 화
재예방 및 무병장수케 하는 엽의관음葉衣觀音

㉓ 오색 빛의 유리향로를 들고 한 잎 연꽃을 타고
푸른 물결 위를 떠다니는 유리관음琉璃觀音

㉔ 푸른 연꽃을 들고 오색 빛을 발하여 근심을 없애
주는 다라존관음多羅尊觀音

㉕ 큰 조개껍질 위에 가부좌를 하고 손에 여의주를
쥐고 있는 합리관음蛤利觀音

㉖ 거사의 차림으로 오른손에 경전을 들고 서서 주
야 육시로 중생을 살피는 육시관음六時觀音

㉗ 두 손을 법의 속에 숨기고 산꼭대기에 서서 광활
한 우주를 바라보고 있는 보비관음普悲觀音

㉘ 물고기를 파는 아름다운 여인의 모습으로 나타

나 불법을 익히게 만드는 마랑부관음馬郞婦觀音
㉙ 합장을 하고 칠보연화대 위에 앉아있거나 서있
   는 합장관음合掌觀音
㉚ 구름을 타고 허공을 날아다니며, 우레와 번개를
   그치게 하는 일여관음一如觀音
㉛ 큰 연꽃잎을 타고 물 위를 떠다니면서 모든 악귀
   들을 제압하는 불이관음不二觀音
㉜ 순백의 큰 연꽃 위에 앉아 양손으로 연꽃을 쥐고
   있는 아이 모습의 지련관음持蓮觀音
㉝ 왼손에는 물그릇, 오른손에는 버들가지를 들고
   감로수를 뿌려 중생의 번뇌와 재난을 사라지게
   하는 쇄수관음灑水觀音

이들 33관음 중 양류관음과 청경관음은 인도에 현
현하였고, 수월관음은 중앙아시아에서, 그 밖의 마랑
부관음과 백의관음 등은 당나라와 송나라 때 중국 땅
에 모습을 나투셨던 관세음보살님입니다. 그리고 다
라존관음은 티벳밀교에서 지금도 크게 숭상하고 있
는 따라보살의 다른 이름입니다.
  곧 이들 33존은 경전의 내용에 따라 묘사한 관음이

아니라, 여러 나라에서 신앙하고 있는 관세음보살을 집대성한 것입니다.

원과 함께 관음의 가피 속에서

언제나 중생을 바라보고 언제나 중생의 소리를 듣고서 갖가지 몸을 나타내어 구제하는 관세음보살님.

실로 관세음보살님의 구원능력은 끝이 없으며, 실제로 관세음보살님께 의지하여 가피를 입고 고난에서 벗어난 사람은 무수히 많습니다. 소원을 염하면서 '관세음보살'을 지성껏 부르면 반드시 해탈을 얻을 수 있습니다. 두 가지 정도 예를 들겠습니다.

1990년대 초, 안성에 사는 대원심 보살은 50대 초반의 아들이 의사가 수술을 거부하는 말기 위암 선고를 받자 괴로움을 가눌 길이 없어 안성 청룡사靑龍寺 대웅전의 관세음보살을 찾아갔습니다.

이미 80세가 넘은지라 절을 올리거나 크게 소리 내

어 '관세음보살'을 염하기도 힘든 처지였습니다. 대원심 보살은 가만히 벽에 기대고 앉아 관세음보살님을 우러러보며 염念하였습니다.

"관세음보살님. 부모가 죽은 다음 자식이 죽는 것이 이 세상의 순리順理이온데, 저의 업이 얼마나 중하기에 이렇듯 자식이 먼저 죽는 것을 보아야 하나이까? 자비로우신 관세음보살님! 제발 아들을 살려주옵소서. 살려주옵소서. 살려주옵소서….."

3일 밤낮을 아들의 병이 기적처럼 쾌유되기를 기원하며 관세음보살님께 매달리고 관세음보살님을 찾다가 새벽녘에 잠깐 잠이 들었습니다. 그런데 스님 한 분이 나타나서 미소를 지으며 활짝 핀 연꽃 한 송이를 대원심 보살에게 주는 것이었습니다.

'아, 관세음보살님께서 감응하셨구나.'

확신을 한 보살은 집으로 돌아와 아들과 함께 '치유불능이므로 수술도 않겠다'고 했던 서울대학교 병원을 다시 찾아갔습니다. 그런데 재검사 결과 진짜 기적이 일어났습니다. 위암의 흔적조차 찾아볼 수가 없었습니다.

"이상하다. 이상하다."

담당의사는 이 말만을 반복하다가, 있을 수 없는 불가사의라며 매우 신기해했다고 합니다.

❁

1988년 봄, 전라남도 강진 무위사無爲寺 뜨락으로 후리후리한 키에 오십 세 가량 된 중년의 신사가 들어섰는데, 걸음걸이가 방향감각을 잃은 사람처럼 위태롭기 그지없었습니다. 이상한 느낌을 받은 주지 법철法哲스님은 그를 부축하여 요사채로 안내하였고, 중년의 신사는 마루에 걸터앉아 깊은 한숨을 내쉬며 사연을 털어놓았습니다.

"저는 오정수吳正秀라고 합니다. 경북 포항에서 작은 개인 사업을 하면서 열심히 살아왔습니다. 그런데 어느 날 갑자기 두 눈이 어두워지더니 이제 눈 뜬 장님이 되다시피 하였습니다."

그는 유명하다는 안과는 모두 찾아다녔고, 눈에 좋다는 약은 모조리 구해다 먹었으며, 민간요법도 안 해본 것이 없었습니다. 그러나 회복되기는커녕 더욱 악화되기만 했습니다. 1년이 넘도록 노력하고 또 노력하였지만 남은 것은 눈 때문에 쓴 빚과 가족 걱정, 장님이 된 데 대한 자괴감뿐이었습니다.

"아, 내 눈이 멀다니…. 아직 학교도 덜 마친 저 아이들은 어떻게 한단 말인가?"

나날이 절망 속에 빠져들던 그에게, 불교를 믿는 친척 한 분이 찾아와 뜻밖의 제의를 하였습니다.

"관세음보살님께 기도하면 죽을병도 낫는다고 합니다. 어찌 그 눈 하나 못 고치겠습니까? 전라도 강진 땅에 있는 무위사는 예로부터 관음기도 도량으로 유명한 곳입니다. 특히 극락보전의 벽에 그려진 관세음보살님께서는 눈이 없는데도 이적을 많이 나타낸다고 합니다. 이제 병원에서도 어쩔 수 없다고 하니, 관세음보살님께 기도하며 매달려 보십시오. 틀림없이 좋은 결과가 있을 것입니다."

물에 빠진 사람이 지푸라기라도 잡는다고 평소 불교와는 전혀 무관했던 그였지만 꼭 시력을 회복하고 싶다는 원을 품고 무위사로 향했습니다.

오정수 씨의 기막힌 사연을 들은 주지스님은 깊은 동정 속에서 정갈한 방을 내어주며 관음기도 하는 법을 일러주었고, 오정수 씨는 마음을 굳건히 다지기 위해 삭발을 했습니다. 그리고 이튿날부터 백일 관음기도를 시작했습니다. 우러러보아도 보이지 않는 관세음보살 앞에서 지극한 마음으로 관세음보살을 부르기 시작한 것입니다.

"관세음보살 관세음보살…."

눈이 멀어 특별히 무엇을 할 수 없었던 그는 온종일 '관세음보살'을 불렀습니다. 밥을 먹을 때도 잠자리에 들어서도 관세음보살을 불렀습니다.

과연 그의 정성은 헛되지 않았습니다. 50일 조금 지나자 보려야 볼 수 없었던 눈 없는 관세음보살님의 모습이 어렴풋이 보이는 것이었습니다.

그는 말할 수 없는 환희와 눈물로 더욱 열심히 관세음보살을 찾았고, 깊은 잠에 빠져서도 '관세음보살'이 계속 이어졌습니다.

마침내 90일째 되는 날 완전히 시력을 회복하게 되었는데, 백일의 기도를 마저 채운 다음 무위사를 떠났습니다. 그날, 오정수 처사는 뜨거운 눈물을 흘리며 주지스님의 손을 꼭 잡고 말했습니다.

"스님, 관세음보살님께서 저에게 천수천안千手千眼 중 두 눈을 빌려주셨습니다. 이제 돌아가 눈먼 사람들의 눈이 되어 살겠습니다. 스님 감사합니다."

‰

말기 위암의 흔적조차 없애버린 관세음보살, 눈먼 사람의 눈을 뜨게 하신 눈먼 관세음보살….

관세음보살은 관자재보살觀自在菩薩이라고도 합니다. 관하는 것이 자재로운 분이라는 뜻입니다. 있는 그대로의 참모습을 보는 관觀. 이 관觀은 눈으로 보는 것[見]이 아닙니다. 마음으로 보는 것입니다. 우리의 마음 속 원을 마음의 눈으로 보고, 우리의 원을 마음으로 꿰뚫어보는 것입니다.

이러한 관세음보살이기에 눈먼 사람뿐만이 아니라 죽음의 고통에 처한 사람도 능히 구원할 수 있습니다.

부디 마음을 하나로 모아 지성으로 기도해보십시오. 원을 세우고 간절히 기도해보십시오. 우리의 괴로움과 번뇌는 관세음보살의 자비 속에서 모두 녹아내릴 것입니다. 그리고 그 모든 것이 녹아내리는 순간, 한없는 안락安樂을 얻게 되니, 그것이 바로 소원성취요 해탈解脫이 아니겠습니까?

실로 '나'의 소리를 듣고 구원의 손길을 뻗치는 분. 언제나 '나'의 향상을 위해 힘이 되어 주시는 분. '나'에게 조건 없는 사랑을 베풀어주시는 분. 그 분이 관세음보살의 응신이라는 것을 우리는 잊지 말아야 합니다.

늘 '나'의 곁에서 어려움을 해결해주고, '나'를 깨우쳐주고 살아나게 하는 분들을 관세음보살로 볼 수 있고 대할 수 있게 될 때, 우리의 삶 전체가 관세음보살의 대자비로 피어나게 된다는 것을 꼭 명심하시기 바랍니다.

나무대자대비관세음보살.

Ⅲ
관음기도법

일심칭명 일념염불

일심칭명하면 즉시해탈

대자대비大慈大悲 관세음보살.

구고구난救苦救難 관세음보살.

우리 불자들이 이 '관세음보살'을 열심히 부르는 까닭이 무엇인가? 대자대비하신 관세음보살님의 가피를 얻기 위해서입니다. 가피를 입어 괴로움을 떠나고 행복을 얻기 위해서입니다.

어려움에 처한 중생들을 구제함에 있어 절대적인 힘을 갖춘 관세음보살님.

중생의 소원을 꿰뚫어보고 소원을 이루어주는 관세음보살님.

그러하기에 우리는 무한 능력을 갖춘 그분을 믿음

으로 의지합니다. 그리고 각자의 형편에 따라 열심히 기도를 합니다. 그러나 관세음보살님을 객관적인 존재로만 보고 있으면, 그분의 자비는 쉽게 우리와 함께하지 않습니다.

염불로써 대자대비하신 관세음보살님과 미혹의 '나' 사이에 가로놓여 있는 울타리를 제거하여, 스스로가 관세음보살님의 품속에 안겨 있는 듯한 일체감을 느낄 수 있어야 합니다.

우리의 마음속에 관세음보살님을 머무르게 하고 그분의 자비가 내 몸속에 흐를 수 있게끔 만들면, 관세음보살님께서는 스스로 모습을 나타냅니다. 그리고 그때가 되면 틀림없이 관음의 가피를 입을 수 있게 됩니다.

그러므로 관음의 가피를 구하는 이는 무엇보다도 내 속의 관음의 모습과 자비를 또렷이 담을 수 있는 노력을 게을리 해서는 안 됩니다.

그렇다면 관세음보살님의 모습과 자비를 마음 속에 또렷이 담는 방법은 어떠한 것이 있는가?

① '관세음보살'의 명호를 외우는 칭명법稱名法

② '관세음보살'의 명호를 듣는 문명법聞名法
③ '대성大聖 관세음보살'을 간절히 생각하는 염성
법念聖法 등이 있습니다.

이 칭명법·문명법·염성법은 따로 노는 것이 아닙니다. 이 셋은 하나가 되어야 합니다. 이 셋을 하나로 모으면 무엇이 되는가? 바로 일심칭명一心稱名입니다.

칭명법은 내가 '관세음보살'을 부르는 것이요, 문명법은 내 입으로 부르는 '관세음보살'을 내 귀로 듣는 것이며, 염성법은 부르고 들으면서 거룩한 관세음보살님을 생각하는 것입니다.

이렇게 관세음보살님을 부르고 듣고 생각하는 세 가지가 동시에 이루어지면 일심칭명이 되는 것입니다. 「관세음보살보문품」에는 다음과 같은 구절이 있습니다.

"일심으로 관세음보살님의 명호를 부르면, 관세음보살은 즉시에 그 음성을 관하여 다 해탈을 얻을 수 있게 한다〔觀世音菩薩 一心稱名 觀世音菩薩 卽時觀其音聲 皆得解脫〕."

곧 일심칭명만 되면 관세음보살님께서 그 중생의 괴로움과 근심과 소원을 '관觀'하여 모든 것을 해결해 주신다는 것입니다.

잠깐 '관觀'과 '일심칭명一心稱名'에 대해 조금 더 자세히 이야기해봅시다.

관觀은 '볼 관'자입니다. 그냥 눈으로 보는 견見이 아니라 마음으로 보는 것입니다. 마음으로 마음을 보고, 마음과 마음이 통하는 것을 관이라고 합니다.

만약 관세음보살님이 중생의 소리를 귀로 듣고 해탈을 시켜주신다면 그 이름을 '문세음聞世音'이라 했을 것입니다. 그런데 '관'이라고 한 까닭은, 관세음보살님께서 마음으로 중생의 소리를 듣고 마음으로 중생의 생각을 꿰뚫어 보아서 그 고통을 해탈시켜 주시기 때문입니다.

마음으로 괴로움에 찬 중생의 소리를 관하시는 분. 그리하여 중생의 고통과 번뇌를 해탈시켜 주시는 분. 그 분께서는 우리에게 다른 무엇을 요구하지 않습니다. 오직 일심칭명一心稱名만을 강조하고 있습니다. 일심으로 명호를 부르면 관세음보살께서 즉시에 그 음성을 관하여 해탈을 얻게 해주신다는 것입니다.

문제는 '나'의 일심칭명입니다. 일심칭명一心稱名!
이 일심칭명을 분명히 알면 관세음보살과 하나가 되
어 일체의 고뇌를 쉽게 넘어 설 수가 있습니다.

일심칭명은 일념염불

그렇다면 일심칭명이란 과연 어떠한 것인가? 일심
칭명一心稱名은 바로 일념염불一念念佛입니다.

일심이 무엇이고 일념이 무엇입니까? '관세음보살'
을 부르고〔칭명〕, '관세음보살'을 부르는 그 소리를
듣고〔문명〕, '관세음보살'을 생각하면〔염성〕 일심이
되고 일념이 됩니다.

이렇게 일심이 되고 일념이 되면 마음이 솔직해지
고 생각이 순수해집니다. 과장도 체면도 꾸밈도 없고
자존심도 욕심도 붙어있지 않은 솔직한 마음과 순수
한 생각으로 기도를 하면 관세음보살님과 쉽게 통할
수 있고 하나가 될 수 있고, 능히 소원을 성취할 수 있
습니다.

그러므로 기도할 때 자존심이나 고상함 등은 굳이 생각하지 않아도 됩니다. 그냥 순수하게 기도 하십시오. 솔직하게 고백하십시오.

기도하는 불자들 중에는 '나를 위해 기도하면 안 된다는데….' 하는 이들이 생각 이상으로 많습니다. 정녕 나를 위해 기도하면 안 되는 것일까요?

아닙니다. 나를 위한 기도, 열심히 하십시오. 내 코가 석자인데 왜 내 기도를 안 합니까? 내가 지금 죽을 판인데 어떻게 남을 위한 기도가 되겠습니까? 오히려 지금 내 기도를 더 열심히 해야 다음에 남을 위한 기도를 잘 할 수 있습니다.

그리고 관세음보살님께 마음을 열어놓고 정말 솔직하게 대화하십시오. 답답하면 엉엉 소리 내어 울기도 하고, 응석을 부리기도 하고, 마음껏 하소연을 할 수 있어야 합니다. 그래야 관세음보살님과 진짜로 가까워질 수 있습니다. 마음과 마음이 통하게 되고 일심칭명·일념염불이 더 잘 이루어집니다.

하지만 일심칭명·일념염불은 쉽게 이루어지는 것이 아닙니다. 열심히 몰아붙여 잠깐이라도 시간과 공간을 뛰어넘는 삼매 속으로 들어가야 이루어질 수 있습니다.

그런데 진정한 마음으로 기도를 하지 않고, '남을 위해야 복덕이 온다던데' 하면서 형식적인 기도를 하면 어떻게 삼매를 이룰 수가 있겠습니까?

그러므로 모든 가식을 비워버리고 진솔하게 기도를 해야 합니다. 근심 걱정과 괴로움에 처하였으면, 정말 솔직하고 순수한 마음으로 온갖 슬픔 · 힘듦 · 답답함 · 억울함 · 불안함 · 고달픔 · 소원 등을 관세음보살님께 다 말하고 다 바치면서 기도해야 합니다.

그리고 내 입으로 '관세음보살'을 부르고〔칭명〕, 내가 '관세음보살'을 부르는 소리를 내 귀로 듣고〔문명〕, '관세음보살'을 떠올리고 생각하고 대화를 나누는〔염성〕 기도를 하게 되면, 틀림없이 관세음보살님의 가피를 입어 모든 근심걱정과 병고 등의 괴로움을 해탈하고 소원을 성취할 수 있습니다.

1924년 7월의 『불교』잡지 창간호에는 '명로冥路에서 다시 인간人間'이라는 제목의 신행영험담이 수록되어 있습니다.

이 영험담의 주인공인 원각화圓覺華보살은 일찍이

남편과 사별하고 외동딸 순득順得을 키우면서 7일에
한 번씩 백용성白龍城스님께서 설법을 하는 서울 대
각사의 법회에 참석하였습니다.

그런데 원각화보살에게 뜻하지 않은 시련이 닥쳐왔
습니다. 금쪽같은 딸 순득이가 16세가 된 해 12월에
병을 얻은 것입니다. 처음 감기처럼 시작한 병은 폐
렴으로 악화되더니, 심한 기침과 고열이 계속되면서
점점 사경 속으로 빠져들었습니다.

종합병원에 입원을 시켰으나, 순득의 병은 낫지 않
았고, 명의를 찾아다니며 온갖 약을 다 써보았으나 효
험이 없기는 마찬가지였습니다. 마지막 방법으로 의
사는 수술을 해보자는 의견을 내었습니다. 하지만 환
자의 몸이 쇠약할 대로 쇠약해져 있어 살아나면 천행
이라는 것이었습니다.

수술을 해야 할 것인가 말아야 할 것인가? 원각화
보살은 기로에 놓이게 되었고, 고민 끝에 결단을 내렸
습니다.

'위험하기가 마찬가지라면 수술을 하지 않고 최선
을 다해 보자. 이제 내가 의지할 분이라고는 관세음
보살님밖에 없다.'

원각화보살은 딸을 대각사로 업고 가서 법당 바닥에 눕혀놓고 기도를 시작했습니다. 죽더라도 관세음보살의 명호를 들으면서 죽게 하겠다는 각오로 '관세음보살'을 애타게 부르고 또 불렀습니다. 그야말로 일념의 기도를 한 것입니다. 그러던 어느 날, 깊이 잠들어 있던 딸이 부르짖었습니다.

"싫어요, 가기 싫어요. 저는 엄마와 함께 살래요."

원각화보살은 딸을 급히 깨웠고, 순득은 거친 숨을 몰아쉬며 꿈 이야기를 들려주었습니다.

오색찬란한 가마가 누워 있는 순득이 앞으로 다가오더니, 관세음보살님께서 내려와 청했습니다.

"순득아, 나와 함께 이 가마를 타고 가자꾸나."

"관세음보살님, 저는 어머니를 두고 갈 수 없습니다. 저는 어머니와 함께 살아야 해요."

순득이가 거듭거듭 고집을 부리자 관세음보살님은 측은한 표정을 지어보이며 말씀하셨습니다.

"순득아, 너의 정해진 수명은 17세이니 지금 가는 것이 마땅하다. 하지만 너의 효성이 지극하고 어머니의 신심이 돈독하니 명을 연장시켜주지 않을 수 없구나."

순득의 꿈 이야기를 들은 원각화보살은 감격의 눈물을 흘리며 더욱 열심히 '관세음보살'을 찾았고, 며칠 뒤 관세음보살님께서는 원각화보살에게 현몽하였습니다.

"순득의 병을 완전히 고치려면 감로수를 마셔야 한다. 감로수는 삼청동 성체의 절 뒤쪽에 있는 석벽과 석벽 사이에서 솟아나오느니라."

이튿날 원각화보살은 삼청동으로 가서 하루 종일 감로수를 찾았으나 발견할 수 없었습니다. 피로에 지친 그녀는 잠시 바위 위에 주저앉았고, 바위 앞쪽으로 배어나오는 물기를 발견할 수가 있었습니다. 급히 그곳을 파서 웅덩이를 만든 다음 고여 드는 물을 떠다가 딸에게 먹였지만 효험이 없었습니다.

원각화보살은 감로수를 찾기 위해 매일 삼청동 뒷산으로 올라갔습니다. 입으로 끊임없이 '관세음보살'을 외우며 감로수를 찾아 헤맨 지 일주일. 마침내 원각화보살은 북악산 정상 가까이에서 물이 흘러나오는 석벽을 찾아냈습니다. 맑고 정갈한 물이 분명 돌 틈에서 솟아나고 있는 것이었습니다.

원각화보살은 관세음보살님께 감사드리며 그 물을

담아다가 딸에게 먹였습니다. 그리고 그 물로 몸을 씻기기도 하였습니다. 10여 일이 지나자 딸의 엉덩이에서 흐르던 고름이 멎었고, 얼굴에 핏기가 돌기 시작했습니다. 그리고 또다시 10여 일 후, 순득이의 병은 완치되었습니다. 의사가 병을 고쳐준 것이 아니라 관세음보살님께서 고쳐준 것입니다. 어머니의 일심칭명·일념염불에 감응한 관세음보살님께서….

간절하고 순수한 마음이면

실로 고해의 파도를 타고 방황하는 이 사바세계의 중생에게 있어서는 자비의 빛으로 모든 생명을 비추어주고 구원해주는 관세음보살이 계시다는 것 자체만으로도 크나큰 다행이 아닐 수 없습니다. 그런데 한 걸음 더 나아가 '관세음보살'을 부르고 그분의 대자대비에 의지하여 정념正念으로 산다면 그보다 더 마음 든든하고 큰 행복이 어디에 또 있겠습니까?

눈에 보이게 또는 은근히, 언제나 우리에게 자비의

손길을 뻗쳐주는 관세음보살님…. 하지만 관세음보살님은 우리에게 특별한 것을 요구하지 않습니다. 희생도 재물도 음식도 바라지 않습니다.

다만 잡됨이 조금도 없는 순수한 사모의 마음으로 현재 우리가 처한 어려움과 어둠의 길을 열고자 하는 간절한 한 마음인 일심칭명·일념염불만을 바랄 뿐입니다. 왜냐하면 간절히 구하는 한마음이라야 그분과 우리가 하나로 합하여질 수 있기 때문입니다.

그러므로 우리는 배고픈 어린 아이가 어머니를 찾듯이, 병자가 훌륭한 의사를 찾듯이 간절한 마음으로 애타는 믿음을 일으켜 관세음보살님께 의지하지 않으면 안 됩니다.

마음을 바르고 부드럽게 하여 오로지 일심으로 귀의해야 합니다. 이렇게 일심으로 받들다 보면, 저절로 관세음보살님과 하나가 되어 관세음보살님과 함께 말하고 함께 행동하고 함께 생활할 수 있게 됩니다.

참다운 자유, 온전한 해탈. 그것은 모든 번뇌와 망상을 비워버릴 때 스스로 다가옵니다. 오직 어머니를 따르는 갓난아이처럼 천진한 마음으로 관세음보살님을 따르고 일념으로 귀의해보십시오.

어머니가 어린 아이를 책임지듯이 관세음보살님도 우리와 하나가 되어 우리를 돌보아주십니다.

그렇게 될 때 무엇이 고난으로 남고 문제로 남겠습니까? 아무 것도 문제가 되지 않습니다. 그 어떠한 어려움도 해결되지 않는 것이 없습니다.

그러므로 관세음보살님의 자비를 구하는 자는 관세음보살을 부르고·듣고·생각하며 마음을 하나로 모으는 일심칭명·일념염불의 기도를 하여야 합니다. 일심과 일념은 특별한 것이 아닙니다. 순수하면서도 간절한 마음입니다. 어떤 것이 순수함이요 간절함인가? 한 편의 실화부터 음미해 봅시다.

❀

지금은 돌아가셨지만, 울산 동강병원의 이사장으로 있었던 박영철(朴永哲, 1926~2007) 선생을 아들로 둔 김보운화金寶雲華라는 보살님이 있었습니다. 불교에 대한 믿음이 독실하였던 보운화 보살은 절에 가는 것을 무엇보다 좋아하였습니다.

서울대학교 의과대학에 다니는 아들이 방학을 맞아 집에 올 때에도, 아들 곁에 있기보다는 절에 가기를 더 좋아하였습니다. 그것이 아들은 싫었습니다. 어머니를 부처님께 빼앗긴 듯 느껴졌습니다.

'엄마는 절 밖에 몰라. 나보다도 절이 더 좋은가 봐.'

마침내 아들은 어머니를 미워하기에 이르렀고, 동시에 절을 싫어하고 불교를 싫어했습니다. 그러다가 한국전쟁이 일어나자 아들 박영철은 군의관이 되어 7년을 복무했습니다.

그 7년 동안 보운화보살은 열심히 '관세음보살'을 염하였고, 극히 피곤하면 잠깐씩 눈을 붙였습니다. 그야말로 일심칭명·일념염불의 관음정근을 한 것입니다.

그런데 어머니의 염불 정진한 덕은 그대로 아들에게 전해졌습니다. 아들이 위급한 고비에 처할 때마다 어머니의 외침이 들려와 위기를 면했습니다. 하루는 군의관 막사에서 쉬고 있는데, 어머니의 다급한 음성이 비몽사몽간에 들려왔습니다.

"영철아! 어서 막사에서 나와 달아나거라. 어서!"

박영철은 얼떨결에 일어나 막사 밖으로 달려나갔고, 간발의 차로 적의 포탄이 막사 위에 떨어졌습니다.

또 하루는 구급차를 타고 가는데, 바로 옆에서 외치는 듯한 어머니의 큰 소리가 차안에 울려 퍼졌습니다.

"영철아, 네가 왜 그 차를 타고 가느냐? 빨리 뛰어 내려라. 빨리!"

박영철은 달리는 구급차의 문을 열고 뛰어내렸고, 차는 조금 더 나아가다가 지뢰를 밟아 산산조각이 나 버렸습니다. 목숨이 경각에 달하는 상황에 처할 때마다 들려왔던 어머니의 외침! 7년 만에 제대를 한 박영철은 어머니 앞에 무릎을 꿇고 앉아 울면서 사죄하였습니다.

"제가 학교를 다닐 때, 어머니께서는 저보다 절에 가는 것을 더 좋아하는 듯이 느껴졌습니다. 그래서 어머니를 미워하고 절도 불교도 부처님도 싫어하였습니다. 그런데 군의관 생활 7년 동안, 꼭 죽을 고비를 어머니의 기도 덕분에 여러 차례 무사히 넘겼습니다. 제가 이제껏 살아있는 것은 모두가 어머니의 지극한 기도 덕분입니다. 어머니! 어머니를 미워하고 불교를 싫어했던 이 못난 자식을 용서해 주십시오."

어머니에게 있어 아들보다 더 귀한 것은 없습니다. 이것이 어머니의 순수함입니다. 아들이 가장 귀하기 때문에 어머니는 사지에 있는 아들의 안전을 기원하며 기도했습니다. 순수하고 간절한 마음으로 기도했습니다. 그 결과 보운화보살의 기도는 아들의 생명을 구해주었을 뿐 아니라 당신 자신의 수행력을 크게 높여주었습니다.

상식의 선에서 생각해 보십시오. 울산에서 관세음보살을 부르는데 전방의 막사나 전쟁터에 있는 아들 귀에 어떻게 어머니의 외침이 들릴 수 있겠습니까?

하지만 관세음보살을 부르는 어머니의 일심은 시간과 공간을 초월하고 있습니다. 순수함과 간절함을 담아 일심으로 일념으로 염불을 하면, 관세음보살께서는 즉시에 그 음성을 듣고 심중소원을 관찰하시어 뜻과 같이 이루게 해주십니다.

조념관세음 · 모념관세음

『고왕경高王經』·『몽수경夢授經』 등 관세음보살님의 가피를 구하는 경전들 속에는 '조념관세음朝念觀世音 모념관세음暮念觀世音'이라는 구절이 있습니다.

"아침에도 관세음보살을 생각하고 저녁에도 관세음보살을 생각한다."

바꾸어 말하면, 하루 종일 관세음보살님을 생각한다는 뜻입니다. 이렇게 끊임없이 관세음보살을 염念하게 되면 현실 고통에 대한 구원은 물론이요, 해탈과 자기완성도 이룰 수 있게 되므로, '조념관세음 · 모념관세음'의 기도를 하라는 것입니다.

여기에서 우리는 '염念'의 의미를 조금 더 심도 있게 살펴볼 필요가 있습니다. '念'이 무엇인가?

'생각 염念'은 '생각 사思'와 다릅니다. 사思는 그냥 생각하는 것이지만, '念'은 항상 기억하고 새기는 것〔憶念〕입니다. 그러나 번뇌가 많은 중생은 항상 기억하기가 힘듭니다. 그러므로 약간은 억지로라도 기억하고 새기기 위해 노력을 기울여야 합니다. 이렇게 억지로라도 노력 하다보면 힘이 생깁니다. 곧 염력念

力이 생기는 것입니다.

그 염력을 하나로 모아 일념一念을 이루어보십시오. 능히 모든 것을 해결할 수 있게 됩니다. 현재의 어려움만이 해결되는 것이 아닙니다. 현재의 고통을 넘어서서 더 큰 깨달음을 이룰 수 있게 됩니다. 그것이 일념의 힘입니다.

일념의 힘. 이 힘의 중요성에 대해서는 부처님의 초기 가르침에도 잘 나타나 있습니다. 부처님께서 도를 깨달아가는 수행과정으로 설하신 37도품道品 중에는 5근五根이라는 것이 있습니다.

그 다섯 가지는 ①신근信根 ②정진근精進根 ③염근念根 ④정근定根 ⑤혜근慧根입니다.

이를 관음기도에 대비시켜 봅시다.

① 신근은 관세음보살님을 확고히 믿는 것이요
② 정진근은 관음기도를 부지런히 하는 것이며
③ 염근은 기도정진 할 때 '관세음보살'을 생각하면서 몰두해 들어가는 것을 가리킵니다.
④ 이 염근의 힘이 모여 일념이 되면 마음이 안정되어 어떠한 대상을 만나도 동요하지 않게 되는 선

정〔정근〕을 이루게 되고

⑤ 선정이 이루어지면 모든 것을 있는 그대로 비추어 보는 신령스러운 지혜인 혜근이 샘솟게 되며 지혜가 분출되면 모든 번뇌들은 저절로 자취를 감추게 되는 것입니다.

실로 관세음보살님을 믿고 꾸준히 기도 정진하여 일념의 집중력을 이루게 되면 마음이 고요해지고 맑아져서 밝은 빛을 뿜어낼 수 있게 됩니다.

관세음보살님을 확실히 믿고 관세음보살님을 일심 칭명하면서 일념을 만들어 보십시오. 차츰 관세음보살님과 우리가 하나로 합하여지는 삼매三昧에 이르게 됩니다. 그때가 되면 마음 저 깊은 곳까지 환히 트이고 밝아져서 막힘없이 통하게 되며, 이 우주에 가득한 진리의 법음法音이 저절로 '나'의 마음을 진동하여 위없는 깨달음을 이루게 되는 것입니다.

과연 이것이 무엇입니까? 관세음보살님의 가피력이요 대우주법계의 가피력입니다. 분명히 기억하십시오. 기도의 시작은 믿음〔信根〕이요 기도 가피의 시작은 일념〔念根〕에서 비롯됩니다. 일심칭명 · 일념염불을 하게 되면 상식을 초월한 기적과 가피력이 반드시 임하게 됩니다. 그것도 가장 적절한 그때 그 장소에서 실제로 이루어집니다.

의심하지 말라

대부분의 불자들은 관음기도를 중생의 욕심으로 시작을 합니다. 그리고 그 욕심을 채워주기를 기대하면서 관세음보살님께 매달립니다. 그러나 처음의 마음과는 달리 시간이 지날수록 '안 되면 어쩌지?'하는 의심을 일으키고 게으름도 부립니다. 이렇게 되면 기도는 아무런 성취없이 끝나버립니다.

왜 모르십니까? 세상의 모든 일은 할 만큼 해야 된다는 것을! 무엇이든 할 만큼 해야 성취를 할 수 있습니다. 어찌 업을 녹이는 기도나 큰 가피의 기도가 간단한 노력으로 이루어지겠습니까? 의심 없는 믿음, 순수하고 간절한 마음으로 열심히 하면 틀림없이, 그리고 보다 빨리 결실을 이룰 수 있게 됩니다.

그러므로 관세음보살님을 확실히 믿고 '나'의 순수한 열정을 남김없이 쏟으며 기도에 임하십시오. 청정하고 거룩한 관세음보살님께서는 '당신을 위해 기도하라'고 하지 않습니다. 당신이 아닌 우리의 어려움을 구제하고 우리의 향상을 위해 기도하라는 것입니다.

　참으로 묘한 것은 중생의 마음입니다. 믿음이 없는 중생의 마음입니다. 관세음보살님에 대한 믿음이 없기 때문에 스스로를 흔들고, 스스로를 흔들기 때문에 원 성취를 하지 못합니다.

　실로 관세음보살이 '있다·없다', '과연 이 기도가 이루어질까?'라는 등의 시비와 의심을 일으켜 스스로를 흔드는데 어떻게 진정한 믿음이 생겨나며, 진정한 믿음이 없거늘 어떻게 관세음보살과 하나가 되는 일념에 들어가 원 성취를 할 수 있겠습니까?

　될까? 안 될까? 나의 방법이 맞는가? 맞지 않는가? 이러한 마음으로 스스로를 흔들기 때문에 일념一念과 자꾸만 멀어지게 되고, 일념이 잘되지 않기 때문에 중도에서 포기를 하고 하차를 하게 되는 것입니다.

　이제부터라도 우리는 관세음보살님이 '있다·없

다', '실존인물이다 · 아니다' 하는 시시비비에 빠져서는 안 됩니다. '기도가 될까 · 안 될까', '원이 이루어질까 · 안 될까'를 의심해서도 안 됩니다. 오히려 그 헛된 정열을 되돌려, 갈등 없이 번뇌 없이 오로지 '관세음보살'을 염하십시오.

믿음을 가지고 꾸준히 계속하게 되면 욕심으로 시작한 기도가 시간이 지나면서 일심칭명 · 일념염불로 바뀌고, 일심이 되고 일념이 되면 삼매 속에 들게 되며, 바로 그 순간 즉시해탈即時解脫이 이루어지는 것입니다.

일체 공덕을 두루 갖추고 계신 관세음보살님.

대자비의 눈으로 중생을 보살피는 관세음보살님.

대우주에 가득 차 계신 관세음보살님.

그분께서 늘 우리와 함께 하고 있으니, 인생이 아무리 괴롭다한들 어찌 능히 헤쳐 나가지 못할 것이며, 소원성취가 어렵다한들 어찌 이루지 못하겠습니까?

모름지기 힘들고 어려운 때일수록 '관세음보살'을 더 열심히 염하십시오. 분명 용기가 치솟고 새로운 힘이 생겨나면서 모든 장애가 티끌처럼 흩어지게 됩니다.

꼭 기억하십시오.

"일심칭명一心稱名하면 즉시해탈即時解脫이다."

부디 이를 명심하여, 관세음보살님의 대자비 속에서 '관세음보살'의 명호를 부르고, 내가 부르는 '관세음보살'의 명호를 듣고, 관세음보살님을 생각하는 칭명·문명·염성법이 삼위일체화 된 기도를 통하여 모든 소원을 성취하는 불자, 일심칭명·일념염불로 즉시해탈하는 불자가 되기를 두 손 모아 축원 드립니다.

관음염불 기도법

주파수를 맞추면

대성大聖 관세음보살.

그분은 우주에 가득 차 있는 대자비大慈悲의 기운 그 자체입니다. 그분의 기운은 어느 곳에나 충만되어 있습니다. 내 안에도 내 옆에도 내 집 속에도 우리의 이웃에도, 산에도 들에도 허공에도, 빌딩에도 사무실에도 술집에도, 하늘나라 · 인간세상 · 지옥에까지도….

관세음보살님의 무한 자비는 마치 공기와 같습니다. 우리가 쉽게 감지할 수는 없지만 언제나 우리와 함께 합니다.

또한 관세음보살님의 기운은 전파電波와도 같습니다. 우리가 라디오의 주파수를 정확히 맞추어야 방송을 잘 들을 수 있듯이, 일념으로 그분을 찾으면 관세음보살과 우리는 하나가 되어 어떠한 구원도 얻을 수 있게 됩니다.

그러나 주파수를 정확히 맞추지 않으면 적절한 방송, 가장 좋은 소리를 들을 수 없듯이, 아무리 관세음보살의 자비전파가 가득 차 있다 할지라도 우리가 마음을 모아 주파수를 맞추지 않으면 아무 소용도 없게 되고 맙니다. 그러므로 관세음보살의 무한 자비를 얻고자 하는 이는 모름지기 기도를 통하여 주파수를 맞추어야 합니다.

그럼 어떻게 할 때 관세음보살과 통하는 주파수를 맞출 수 있는가?

그 방법은 너무나 쉽습니다. 기도법에 맞추어 정성껏 열심히 하면 됩니다. 열심히 '관세음보살'을 부르면서 관세음보살을 생각하다보면, 오래지 않아 관세음보살의 자비가 이미 내 속에 가득 차 있다는 놀라운 사실을 깨닫게 되고, 어느덧 내가 불행으로부터 벗어나 있다는 사실을 체득할 수 있게 되는 것입니다.

일제 강점기 말, 논산군 논산읍 등화동에는 강태희 姜泰熙라는 이가 살고 있었습니다. 선대에는 한 해에 수천 석을 추수하던 집안이었으나 차츰 몰락하여 남의 오두막을 빌려 살 지경에 이르렀습니다. 집안의 몰락과 함께 모든 의욕을 상실한 강태희 처사는 깊은 병이 들어 자리에 눕고 말았고, 부인이 떡장수를 하여 겨우 연명하였습니다.

하루는 강태희 처사의 집에 보명사의 자명慈明 스님이 찾아왔습니다. 강태희 처사의 문중 산에 보명사를 짓도록 해준 것에 감사를 드리기 위해서였는데, 그의 집안사정과 처사의 병들고 지친 모습을 접한 자명스님은 간곡히 권했습니다.

"불교에 귀의하십시오. 나의 힘으로도 다른 사람의 힘으로도 어쩔 수 없을 때는 부처님께 의지하고 매달려 조르는 것이 제일입니다. 기도를 시작해보십시오."

"지금 형편으로는 기도를 드릴 수가 없습니다."

"처사님, 기도는 돈으로 하는 것이 아닙니다. 정성스러운 마음만 있으면 됩니다. 맑은 물 한 그릇을 올리고 '관세음보살'의 이름만 외워도 됩니다. 속는 셈

치고 노는 입에 염불을 해보십시오."

"말씀은 감사합니다만 그게 어디 말처럼 쉬운 일입니까?"

"그렇지 않습니다. 혼자서 기도하기 힘드시면 우리 절에 찾아오십시오. 소승과 함께 합시다."

자명 스님이 간곡히 기도를 권한지 10여 일이 지났을 때, 강태희 처사는 보명사로 찾아갔고, 스님은 반갑게 맞이하여 방을 하나 내어주었습니다.

"다른 생각들은 모두 비우고, 마음을 모아 관세음보살만을 염송하십시오."

그는 스님의 지도에 따라 일념으로 관세음보살을 염하고자 노력하였고, 백일 정도 지났을 무렵 관세음보살의 현몽이 있었습니다. 관세음보살님이 노인의 모습으로 나타나 불그스름한 물을 건네주는 것이었습니다.

"마셔라."

강태희 처사는 그 물을 벌컥벌컥 들이켰고, 아침에 일어나보니 몸은 날아갈 듯이 가벼워져 있었습니다. 그 뒤 그의 가족은 열렬한 불자가 되었고, 집안에서는 '관세음보살'을 염송하는 소리가 아침저녁으로 끊이지 않았습니다.

그리고 강태희 처사의 부인은 떡장수를 그만두고 물감장수 행상을 하였고, 물감을 팔러 다니다가 알게 된 주단포목 도매를 하는 사람으로부터 '옷감을 외상으로 줄 테니 옷감장수를 해보라'는 제의를 받았습니다.

마침내 그녀는 옷감을 떼어 시골로 다니며 파는 보따리장수를 시작하였고, 3년이 지나지 않아 가게를 얻을 수 있을 만큼의 돈을 모았으며, 운이 활짝 열려 가게를 연지 몇 년 만에 논산에서 제일가는 갑부가 되었습니다.

§

어두운 불행의 기운을 밝음으로 바꾸어 놓는 관세음보살님의 가피.

그럼 이 우주에 충만되어 있는 관세음보살님의 자비를 나의 것으로 만들어 해탈을 얻는 구체적인 기도법으로는 어떠한 것이 있는가? 옛부터 전해 내려오는 여러 가지 관음기도법 중에는 우리가 일상생활 속에서 능히 할 수 있고 가피력 또한 뛰어난 기도법이 많이 있습니다.

①『관무량수경』에 제시되어 있는 관세음보살님의

진실색신眞實色身을 관하는 방법을 비롯하여

② 『관세음보살보문품』·『천수경』·『반야심경』
등의 경전을 외우며 기도하는 방법,『관음예문
觀音禮文』등의 예참문을 외우면서 한배 한배 절
을 올리는 기도법

③ 짧은『몽수경』·『고왕경』등의 경문을 미리 정
하여 놓은 1만 편 또는 10만 편을 다 채울 때 재
앙소멸과 소원성취가 되는 기도법

④ 관세음보살의 공덕을 찬탄한 경전이나 게송偈頌
을 쓰면서 깊은 뜻을 나의 것으로 만듦과 동시
에 가피를 구하는 기도법

⑤ 일명 대비주大悲呪라고 불리는『신묘장구대다라
니』나 옴마니반메훔 · 준제주 · 42수진언 등의
관세음보살과 관련된 진언을 외우며 소원을 비
는 기도법 등, 관세음보살님의 가피를 구하는 기
도의 종류는 매우 다양합니다.

이들 기도법 중에서 가장 쉽게 행할 수 있는 것은
'관세음보살'의 명호를 외우며 가피를 구하는 관음염
불기도법입니다.

관음염불觀音念佛

관음염불기도법은 때와 장소를 가릴 것 없이 누구나가 할 수 있는 가장 간편한 기도법일 뿐 아니라, 가피 또한 매우 뛰어나 옛부터 가장 많이 행해져 왔습니다. 물론 오늘날 우리나라의 불자들도 관세음보살을 부르는 관음염불 기도를 가장 많이 행하고 있습니다.

그러나 "염불을 하면 좋다고 해서 염불을 할 뿐, 어떻게 염불을 해야 하는지를 모르겠다."고 하는 불자들이 너무나 많습니다. 그냥 관세음보살만 외우면 되는 것인가? 아니면 보다 효과적인 방법이 있는 것인가?

이 의문의 해결점은 '어떻게 하여야 지극한 마음을 잘 모아 염불을 할 수 있는가' 하는 데 있습니다. 과연 어떻게 하여야 우리의 마음을 잘 모을 수 있는가? 이제 생활 속에서 쉽게 행할 수 있는 관음염불 기도방법을 자세히 제시해보고자 합니다.

하루 중 기도할 때를 정하라

관음염불을 하고자 하는 불자는 먼저 매일 잘 지킬 수 있는 때를 정하여 기도하면 됩니다.

그런데 기도함에 있어 하루 중 가장 효과적인 때를 하나만 정하여 달라고 하면 '잠들기 직전의 시간'을 택하도록 권하고 싶습니다.

왜 잠들기 직전의 시간이 가장 좋다고 하는가?

깨어 있는 동안 우리는 의식의 세계에서 활동합니다. 그러나 잠이 들면 잠재의식의 세계로 들어갔다가 지극히 고요한 무의식의 세계로 빠져들게 됩니다. 그런데 우리의 모든 의식적 활동은 자기도 모르는 사이에 잠재의식 또는 무의식의 영향을 받고 있습니다. 따라서 의식의 세계를 보다 훌륭하게 만들기 위해서는 잠재의식과 무의식을 잘 개발해야 합니다.

만약 잠자기 직전에 아주 나쁜 생각을 하다가 잠이 들었다면, 그는 악몽에 시달리게 되고 깨어나서도 매우 좋지 않은 기분에 빠져들 수밖에 없습니다.

반대로 잠들기 5분 전에 관세음보살을 일념으로 부르고 자면 편안한 수면을 이룰 수 있을 뿐 아니라, 깨어나서도 곧바로 '관세음보살'을 찾는 맑은 시간을 가질 수 있게 됩니다.

곧 관세음보살에 대한 생각이 수면과 함께 의식에서 잠재의식 → 무의식의 세계로 들어갔다가, 잠이 깰 때 무의식 → 잠재의식 → 의식의 세계로 다시 나오게 되는 것입니다. 따라서 잠자기 전의 20~30분 기도는 3시간, 5시간, 7시간의 기도 효과를 나타내게 됩니다.

이 원리를 기도법에 적용시키면 매우 큰 효과를 거둘 수 있습니다.

그러나 밤에 기도하기가 용이하지 않은 사람은 형편따라 기도할 때를 정하면 됩니다. 일어나서 세수를 하고 난 직후라도 좋고, 점심을 먹고 난 다음의 휴식시간, 잠자리에 들기 직전, 그 어느 때라도 좋습니다. 심지어는 버스나 지하철을 타고 다니는 출퇴근시간이 될 수도 있습니다. 그야말로 기도하는 사람의 형편에 따라 정하면 됩니다.

장소·시간·소리의 크기

이렇게 기도 할 때를 정하였으면 기도하기 좋은 장소를 택하여야 합니다. 좋은 장소란 조용하고 산만하지 않고 방해받지 않는 곳이며, 만약 가정에 관세음보살상이나 탱화·사진 등이 모셔져 있다면 그 앞에서 기도하는 것이 마땅합니다. 이 모두가 없을 경우에는 벽을 향하여 앉거나 거울 앞에 앉아 자신의 모습을 마주 대하면서 염불을 하는 것도 바람직합니다. 기도 시간은 한 시간 또는 30분, 그것도 힘들다면 10분, 5분이라도 좋습니다.

기도할 장소와 시간을 정하였으면 먼저 그 시간 동안 탈 수 있는 크기의 향을 준비합니다. 시중에서 팔고 있는 긴 향은 한 시간, 보통 향은 30분 가량 타는데, 만약 15분 동안 기도를 한다면 30분짜리 보통 향을 반으로 나누어 사용하면 됩니다. 촛불은 굳이 밝히지 않아도 좋습니다.

이제 준비한 향을 향로에 꽂되, 향로가 없으면 다 사용한 화장품 통이나 모양 좋은 그릇에 모래를 담아 사용해도 됩니다. 물론 향연기에 거부반응이 있는 이라면 향을 피우지 않아도 됩니다.

그리고 '관세음보살' 염불은 꼭 고성高聲으로 하지 않아도 좋습니다. 흔히 고성으로 염불을 하면 열 가지 공덕이 뒤따른다고 하지만, 작게 부른다고 하여 공덕이 사라지는 것은 아닙니다. 오히려 집에서는 작은 소리로 염불하는 것이 이웃이나 주위의 눈치를 보지 않아서 좋을 뿐더러, 더 효과적으로 마음을 모을 수가 있습니다.

빨리 간절히 찾아라

준비가 끝났으면 참회와 귀의를 해야 합니다.

"관세음보살님, 잘못했습니다. 잘못했습니다. 잘못했습니다.

관세음보살님, 잘 모시고 살겠습니다. 잘 모시고 살겠습니다. 잘 모시고 살겠습니다.

감사합니다. 감사합니다. 감사합니다."

이렇게 참회하고 귀의한 다음 염불을 시작하기 전에 심호흡을 세 번 정도 행합니다. 그리고는 아랫배까지 숨을 크게 들이켜 '관—세음보—살, 관—세음—보—살'하면서 천천히 시작하되, 서너 번을 지나면서부터는 점점 빠르게 부릅니다.

그래서 마침내는 한 번 한 번 부르는 '관세음보살' 명호의 앞뒤가 간격이 없을 만큼 빠르게 불러야 합니다. 염불하는 사람은 '관세음보살'인 줄 알지만 옆의 사람은 무슨 소리인지 알아듣지 못할 정도로 빨리! 그리고 입만 달싹달싹거릴 뿐, 소리가 거의 밖으로 새어 나오지 않게 불러도 좋습니다.

오직 들숨 때에도 날숨 때에도 '관세음보살'을 끊임없이 이어서 불러야 하며, 그 소리를 귀가 듣고 있어야 합니다. 또 숨은 아랫배까지 깊이 들어갔다가 나왔다가 해야 합니다(깊은 호흡이 잘 되지 않는 분은 자연스럽게 할 것). 이렇게 하면 단 1초도 관음을 찾는 소리가 끊이지 않게 되는 것입니다.

또한 특별히 다급한 소원이 없는 평소 때의 염불이라면 마음 가득히 관세음보살을 담아야 합니다. 물론 염불 도중에 관세음보살이 아닌 딴 생각이 당연히 일어날 것입니다. 바로 그때 일어나는 잡된 생각에 끌려가지도 말고 잡생각들을 애써 물리치려고 하지도 말아야 합니다. 오직 다시 관세음보살을 떠올리면서 그 자비 속에 귀의하면 됩니다.

기도 끝에 발원發願을

이렇게 관음기도를 하여 향이 다 타게 되면, 마음속의 원願을 세 번 반복하여 지그시 아뢰어야 합니다. 한 가지 원을 아뢸 때마다 앉은 채로 합장하고 가볍게 머리를 숙이며 염원하면 됩니다.

여기서 잠시 원에 대해 이야기 하겠습니다. 기도에

는 '어떻게 원을 발하는가'하는 것이 매우 중요하기 때문입니다.

원願은 소원입니다. 우리가 바라는 바입니다. 바꾸어 말하면, 자기의 목적을 성취하기 위해 스스로 수립하는 기본적인 결심이 원인 것이며, 이 원을 발하는 것이 발원發願입니다. 엄밀히 분류하면 세 종류로 나눌 수가 있습니다.

첫째는 기원祈願입니다. 불보살님께 자기가 바라는 바를 '꼭 되게 해주십시오' 하면서 매달리는 원이 기원입니다.

"우리 아들 좋은 직장에 취직되게 해주십시오."

"꼭 그 여인과 결혼할 수 있도록 해주십시오."

"저의 병이 완쾌되도록 해주십시오."

이 모두가 기원인 것입니다.

둘째는 축원祝願입니다. 가족 · 친척 · 이웃 · 뭇 생명 있는 이들에게 축복이 깃들 수 있도록 원을 발하는 것입니다. 양로원에 갔을 때의 축원을 예로 들어봅시다.

"대자대비하신 부처님! 저 노인분들에게 불은佛恩이 충만 하옵고, 건강과 행복이 가득한 삶을 영위하게 하소서."

이렇게 부처님의 가피가 다른 이에게 직접 가도록 하는 것이 축원의 특징입니다.

따라서 축원을 할 때 "저 노인분들을 도울 수 있는 이 몸이 되게 하소서"라는 등 '이 몸'을 강조하는 맹세가 축원에는 필요치 않습니다. 부처님의 가피가 '이 몸'에 이르렀다가 다시 그 노인들께 흘러가도록 해야 할 까닭이 무엇입니까? 부처님의 자비가 노인분들께 곧바로 임할 수 있도록 축원해주면 됩니다.

"아들을 행복하게 해주는 어머니가 되겠습니다"라고 맹세할 것이 아니라, "아들에게 행복이 충만하여지이다"라고 하는 것이 올바른 축원법입니다. 이렇게 축원을 하면 부처님의 가피가 아들에게 곧바로 전해질 수 있지만, 아들을 행복하게 해주는 어머니가 되기 위해서는 먼저 자기 힘부터 길러야 하고, 그렇게 돌아서 가다보면 많은 시간의 소모와 동시에 때를 놓칠 수도 있지 않겠습니까?

셋째는 서원誓願입니다. "내가 어떻게 하겠습니다. 반드시 그렇게 되겠습니다" 하고 맹세하는 것입니다.

"좋은 아들이 되겠습니다."

"이상적인 남편이 되겠습니다."

"부처님 정법대로 살겠습니다."

"보살의 육바라밀을 실천하겠습니다."

"반드시 도를 깨달아 부처가 되겠습니다."

이 모두가 서원입니다. 반대로 '하지 않겠다'고 맹세하는 것도 서원입니다.

"결코 부정한 짓을 저지르지 않겠습니다."

"맹세코 탐심·진심·치심과 벗하지 않겠습니다."

"그릇된 직업을 갖지 않겠습니다."

이처럼 '하겠다'·'하지 않겠다'는 결심을 담아 스스로 맹세하는 것 모두가 서원입니다.

이상의 기원·축원·서원 중 그 어떠한 것이라도 좋습니다. 몇 가지 기원, 몇 가지 축원, 몇 가지 서원을 함께 가지고 있다 할지라도 상관이 없습니다. 기도 끝에 그 모두를 관세음보살님께 아뢰고 가피를 구하면 됩니다.

소원이 많으면 108염주를 돌리며

그런데 소원이 많은 사람의 경우에는 기도방법을 바꾸어 보는 것도 좋습니다.

108염주를 준비하여 숨을 크게 들이키고 앞의 방법으로 염불하기 시작하여 염주를 한 바퀴 돌립니다. 한 알에 '관세음보살' 한 번씩, 이렇게 108번의 염불이 끝나게 되면 합장하고 한 가지 소원을 세 번 염합니다. 만약 10명의 가족 한 사람 한 사람에 대해 특별히 기원하고 싶은 것이 있다면 이렇게 10번을 반복하면 됩니다.

예를 들어 '나'의 가족이 아이들의 할아버지·할머니·아버지와 큰아들·작은 아들·딸로 구성되어 있고, 어머니인 내가 기도를 한다고 합시다. 이 경우 할아버지·할머니의 건강과 장수를 시작으로 가장인 남편(아버지)을 위해 발원하고, 그 다음으로 큰아들·작은아들·딸, 친정 부모님이나 형제자매를 위해 발원합니다. 그리고 마지막에는 당사자인 '나(어머니)'에 대한 발원을 하면 됩니다.

발원문은 사람의 형편에 따라 적절히 정하되, 한 사람에 대하여 108번 '관세음보살' 염불과 세 번의 발원을 잊어서는 안 됩니다. 반드시 그 가족의 얼굴을 떠올리면서 간절히 관세음보살을 외운 다음, "(어떠한 일이) 잘 되게 해주십시오. 잘 되게 해주십시오. 잘 되게 해주십시오" 이렇게 세 번 기원을 하면 됩니다.

만약 가족 구성원 중 특별한 처지에 있는 사람이 있다면 그를 위해서는 더 많이 기원해주어야 합니다. 예를 들어 작은아들이 큰 시험을 앞두고 있다면, 그 아들을 위해서는 천주를 돌리며 1천 번 염불 또는 108염불을 세 차례 이상 하고 "공부 잘 하고 꼭 시험에 붙게 해주십시오" 하면서 기원하는 것이 좋습니다.

내가 기도를 해서 우리 가족과 이웃이 잘 된다면 얼마나 보람 있고 가치 있는 일이겠습니까?

다급한 경우

또한 사람들 중에는 매우 다급한 경우에 처한 분도 있을 것입니다. 그러한 분은 결코 한가할 수가 없습니다. 마음이 탈 것입니다. 애간장이 녹아날 것입니다. 그러한 이라면 이것저것 생각할 겨를이 없습니다.

그때는 입으로 관세음보살을 염하면서 간절한 마음

으로 매달려야 합니다. 만약 불치의 병에 걸린 사람이라면 '살려주십시오. 관세음보살님', '이 병을 꼭 극복하게 해 주십시오' 이렇게 기도하면 됩니다. 배고픈 아기가 어머니를 찾듯이, 목마른 이가 물을 찾듯이 간절히 마음을 전하면 능히 소원을 이룰 수 있습니다.

단, 아주 다급한 소원인만큼 하루 일정 시간, 잠깐이 아니라 앉으나 서나 누우나 끊임없이 '관세음보살'을 챙기도록 노력해야 합니다. 또 꼭 입으로 소리내어 부르지 않아도 됩니다. 관세음보살상과 눈을 마주하고 마음으로 불러도 상관이 없습니다. 눈을 감고 관세음보살님의 모습을 떠올리면서 불러도 무방합니다. 그냥 간절히 생각하면 됩니다. 이렇게 하여 가피를 얻은 분도 많기 때문입니다.

기도 기간 및 기도를 못할 경우

이상은 일상생활 속에서 우리가 매우 쉽게 실천할 수 있는 관음염불 기도법입니다. 아직까지 체계적으로 염불을 해보지 않으신 분들은 앞에서 설명한 방법으로 관세음보살 염불을 해보시기 바랍니다. 백일을 하나의 기한으로 잡아도 좋고 49일을 기한으로 삼아도 좋습니다. 그것도 어렵다면 삼칠일〔21일〕, 21일도 어려우면 일주일, 아니 단 3일이라도 좋습니다. 꼭 한 번 해보십시오. 마음도 평화로워지고 건강도 좋아질 것이며, 소원도 성취될 것입니다.

그리고 직장이나 집안에 특별한 일이 생길 경우에는 가끔씩 정해놓은 때를 지키지 못하는 수가 있습니다. 그때는 시간을 옮겨도 좋습니다. 아침에 못하면 저녁에 하고, 잠자기 전에 못할 것 같으면 오히려 시간을 앞당겨서 하십시오. 하루 종일 못할 형편이었으면 다음날 두 차례 하여도 좋습니다.

너무 틀에 얽매이면 한 번 어긴 것 때문에 영영 못하는 경우가 많으므로 굳이 지적하는 것입니다. 또 술을 먹었더라도 의식이 분명하면 미루지 말고 기도하기 바랍니다. 불보살은 술을 나무라기보다는 정성을 더 귀하게 여기기 때문입니다.

진심으로 일심으로 염念하라

이상과 같은 방법으로 일심으로 관세음보살을 찾아 신심信心을 이루고 뜻을 성취하기를 바라면서, 앞에서 특별히 강조하였던 내용을 다시 한 번 상기시키고자 합니다.

관세음보살의 가피를 구하는 불자는 모든 가식을 비워버리고 진솔하게 기도를 해야 합니다. 근심 걱정과 괴로움에 처하였으면, 정말 솔직하고 순수한 마음으로 온갖 슬픔·힘듦·답답함·억울함·불안함·고달픔·소원 등을 관세음보살님께 다 말하고 다 바치면서 기도해야 합니다

그리고 내 속에 관세음보살님의 모습과 자비를 또렷이 담는 방법인

① '관세음보살'의 명호를 외우는 칭명법稱名法
② '관세음보살'의 명호를 듣는 문명법聞名法
③ '대성大聖 관세음보살'을 간절히 생각하는 염성법念聖法

이 셋이 하나가 되게 해야 합니다. 칭명법은 내가 '관세음보살'을 부르는 것이요, 문명법은 내 입으로 부르는 '관세음보살'을 내 귀로 듣는 것이며, 염성법은 부르고 들으면서 거룩한 관세음보살님을 생각하는 것입니다.

이렇게 내 입으로 '관세음보살'을 부르고, 내가 '관세음보살'을 부르는 소리를 내 귀로 듣고, '관세음보살'을 떠올리고 생각하고 대화를 나누는 기도를 하게 되면 틀림없이 관세음보살님의 가피를 입어 어떠한 고난이나 근심걱정·병고 등의 괴로움을 능히 해탈하고 소원을 성취할 수 있습니다.

이제 진심으로, 일심으로 기도한 한 편의 실화를 함께 음미해봅시다.

❀

중앙일보사 회장을 지낸 홍진기씨는 1940년에 경성제국대학 법학과를 나온 법조인으로, 승승장구하여 1958년 법무부 장관에 취임하였습니다.

그러나 이승만 정권의 부정부패를 보다 못한 학생들이 봉기를 하여 4·19가 일어났습니다. 그 와중에 3·15부정선거와 군중을 향해 발포명령을 내리고 폭력을 행사한 죄로 내무부장관이었던 최인규와 함께 법무부장관 홍진기, 정치깡패 이정재, 치안국장 이강학이 1961년 12월초에 사형을 선고받게 되었고, 이제 국가재건 최고회의 의장인 박정희의 결재만 떨어지면 사형이 집행될 처지에 이르렀습니다.

사형선고가 내려진 1961년 12월, 홍진기의 어머니인 허씨 부인은 며느리를 불렀습니다.

"에미야, 미안하다. 모든게 내 책임이다. 네가 이 집안의 며느리로 들어와 남편이 사형선고를 받았으니 얼마나 가슴이 아프겠느냐? 나 또한 아들이 죽을 목숨이 되었으니 더 이상 살아 있는 목숨이 아니다."

그리고는 며느리에게 부탁하였습니다.

"냉수 한 그릇 떠오너라."

며느리가 물을 떠오자 허씨 부인은 쪽진 머리를 푼 다음, 가위를 꺼내어 싹둑 자르는 것이었습니다.

"이 머리카락은 네가 간수해라. 그리고 앞으로 7일 동안은 나를 찾지 말아라. 나는 이 방에서 나가지 않을 것이니, 만약 죽을지라도 7일이 지난 다음에 이 방문을 열도록 하여라. 7일이 지나 내가 살아 있을 그때는 모든 문제가 해결될 것이다."

허씨 부인은 눈물을 짓고 있는 며느리를 내보내고 문을 닫았습니다. 그리고는 단정히 앉아 '관세음보살'을 부르기 시작했습니다. 하루·이틀·사흘…. 시간이 흐르고 날이 가도 방문은 열릴 줄을 몰랐습니다. 나흘·닷새·엿새…. 불안해진 며느리는 방문 밖을 서성이다가 간간이 새어나오는 염불소리에 가슴을 쓸어 내렸습니다.

마침내 7일째 되던 날 정오, 라디오에서 홍진기가 사형을 면하게 되었다는 특별뉴스가 울려나왔고, 반가움을 주체할 수 없었던 며느리가 허씨 부인의 방문을 열며 소리쳤습니다.

"어머님, 아범이 살아났습니다. 사형을 면했습니다."

"아, 그래. 이제 다시 내 아들이 되었구나."

조용히 변화를 받아들이는 허씨 부인! 그런데 허씨 부인의 앞에 놓여 있던 한 사발의 물은 그대로 있었습니다. 물 한 모금조차 마시지 않고 7일 동안 '관세음보살'을 염한 것입니다. 오로지 아들을 구하겠다는 일념 속에서….

누가 홍진기 씨의 죽을 목숨을 구해주었는가? 바로

관세음보살님이십니다. 어머니의 일념에 감응한 관세음보살님께서….

§

정녕 관음기도를 진심으로 정성껏 하면 새로운 삶이 열립니다. 새로운 빛이 찾아듭니다. 관음염불을 지극히 하면 어떠한 업장도 소멸시킬 수 있습니다.

이 세상의 일이란 낮과 밤의 원리와 같습니다. 어둠이 다하면 밝음이 오고, 밝음이 다하면 어둠이 오게 되어 있습니다. 이를 기도에 적용시켜 보면, 어둠은 업장이요 밝음은 기도가피입니다.

업장이 두터워 뜻과 같이 되지 않을 때, 일월日月과 같은 관세음보살님의 대자비에 의지해 보십시오. 틀림없이 어두움이 사라지고 밝음이 오게 되어 있습니다.

문제는 오직 '나'의 정성과 진심일 뿐이니, 이제부터 정성껏 '관세음보살'을 찾으십시오. 그리하여 '나'를 둘러싸고 있는 업의 껍질을 벗겨보십시오. 틀림없이 모든 것이 바뀌고, 주위에 행복이 충만하게 됩니다.

관세음보살을 염하는 불자들이여. 간곡히 청하건대

부디 그 날이 올 때까지 관음염불의 고삐를 늦추지 않기를 바랍니다. 관세음보살님을 간절히 생각하는 바로 그 순간에 삼매의 꽃이 피어나고, 진정한 행복 또한 여기에 와 있으니….

독경·사경 및 다라니염송 기도법

　앞에서 잠깐 언급하였듯이, 예부터 전해 내려오는 관음기도법은 참으로 많습니다.

　이미 살펴본 관음염불법 외에도,『관음경』·『천수경』·『반야심경』 등의 경전을 외우거나 사경하면서 행하는 기도법,『관음예문』 등의 예참문을 외우면서 찬탄하고 참회하며 한 배 한 배 절을 올리는 기도법, 신묘장구대다라니 · 준제주 · 옴마니반메훔 등 관세음보살과 관련된 진언을 외우며 소원을 비는 기도법, 짧은 기도문을 담은『관세음보살몽수경』·『불정심관세음보살모다라니』 등의 경문이나 다라니를 미리 정하여 놓은 1만 편 또는 10만 편 독송을 다 채움으로써 재앙 소멸 및 소원을 성취하는 기도법 등 매우 다양합니다. 이제 이들에 대해 하나하나 살펴보고자 합니다.

경전 독송 및 사경 기도법

관음신앙 및 관음기도법과 관련된 경전은 약 40여 종에 이르지만, 우리나라에서 널리 독송되고 있는 경전은 법화경 관세음보살보문품을 독립된 경전으로 만든 『관음경』과 『반야심경』 그리고 우리나라에만 있는 경전인 『천수경』입니다.

관음경 독경·사경기도

이 셋 중 관음신앙의 뿌리 역할을 하고 있는 경전은 관음경으로, 예부터 관음기도 및 관음염불을 행하는 이들은 이 『관음경』 독경 및 사경을 잊지 않았습니다. 곧 관음경을 읽거나 사경을 하게되면 관세음보살님에 대한 믿음과 공경심이 저절로 생겨나 관음염불 등의 기도를 더 잘 할 수 있게 되기때문이었습니다.

그러므로 관음염불을 하며 기도하는 경우라면, 먼저 관음경을 한 번 읽은 다음에 '관세음보살' 염불을 하는 것이 좋습니다. 그리고 수시로 관음경을 사경하는 것도 기도에 큰 도움이 됩니다.

만약 관음경 독송 및 사경만으로 관음기도를 하는 경우라면, 독송일 경우에는 하루 3편에서 21편, 사경의 경우에는 2일에 1번 또는 하루에 한 번 이상 사경하는 것이 바람직합니다.

특히 관음경은 각종 재난의 소멸과 삼독의 소멸에 효과적일 뿐 아니라, 자녀들의 건강한 성장과 성취 등에 영험이 크다고 하여 예부터 자라나는 아이들에게 직접 독경·사경기도하게 한 예가 많았습니다. 참조하시기 바랍니다.

반야심경 독경·사경기도

불자들이 예불이나 법회때마다 외우는 『반야심경』은 관세음보살님께서 해탈을 한 원리와 불교의 핵심 가르침을 담고 있는 경전입니다. 곧 반야심경은 모든 괴로움과 장애를 없애고 공空의 이치를 체득하게 하여, 무량한 복덕을 갖춘 원래의 자리로 되돌아가게 만드는 경전입니다.

특히 살다가 갑작스러운 장애가 찾아들거나 불안감과 두려움이 많을 때, 개업·가옥신축·이사 등 집안의 중요한 일이 있을 때 독송하거나 사경하면 매우 좋습니다.

또한 삼재三災에 든 사람이 반야심경을 독경하거나 사경하면 삼재가 절대로 범접하지 못합니다. 삼재 든 해에 하루에 7편 독경을 하거나 하루 1번씩만이라도 매일매일 사경을 하면 재앙이 소멸됨은 물론이요, 오히려 좋은 일들까지 찾아듭니다.

주위를 둘러보면 삼재 때문에 부적을 사고 굿이나 살풀이를 하는 이들을 자주 보게 되는데, 이보다는 반야심경 7편 독송이나 하루 1편씩 사경하는 것이 훨씬 더 효과가 있습니다. 왜? 대우주의 호법신장이 '나'를 지켜줄 뿐 아니라, 공의 도리를 깨달아 안정된 마음가짐까지 가질 수 있도록 해주기 때문입니다.

실제로 삼재에 든 분들께 반야심경 독경 및 사경을 시켜 보았더니 그 효과가 생각 이상으로 컸습니다. 하여, 삼재에 든 분들께는 꼭 반야심경 독경이나 사경을 하시기를 감히 권해드립니다

천수경 독경·사경기도

불자들이 함께 모여 기도를 할 때 가장 먼저 외우는 천수경. 이 『천수경』은 대장경 속에 들어 있지 않으며, 외국에는 찾아 볼 수 없는 우리나라만의 독특한 의식경전입니다.

우리나라 거의 모든 불교의식에서 독송하고 있는 천수경은 '신묘장구대다라니'를 그 중심에 놓고, 앞뒤로 귀의·발원·참회, 준제진언 관련의궤, 회향·서원들과 여러 가지 진언을 실어, 의식의 효과가 극대화될 수 있게끔 새롭게 엮은 것입니다.

실제로 신묘장구대다라니가 우리나라에 전래된 것은 신라시대지만, 지금의 『천수경』이 이 땅에서 자리를 잡기 시작한 것은 1930년대 경이고, 현재의 체제와 똑같이 구성된 것은 1960년대 후반입니다.

천수경은 크나큰 가피력을 지닌 신묘장구대다라니와 참회 및 업장소멸 등에 대해 자세하게 설한 경전이기 때문에, 이 경전을 독송하거나 사경을 하면 천수관음의 한량없는 가피가 저절로 찾아들어, 집안의 편안함은 물론이요 업장소멸을 비롯한 갖가지 소원을 쉽게 성취할 수 있습니다.

이 천수경의 독경방법에 대해서는 불자들이 잘 알고 있으므로 구체적으로 언급하지 않고, 사경방법에 대해서만 간략히 이야기하겠습니다.

보통사람 글씨로 천수경 전체를 사경하려면 70분~90분 정도 걸립니다. 시간이 많이 걸린다고 느낄지는 모르나, 품은 소원이 있다면 하루에 한번은 사경하는 것이 좋습니다.

사경의 기간은 소원의 경중에 따라 다르겠지만, 간략한 소원이면 21일, 보통소원은 49일, 비중 있는 소원은 1백일 이상 사경해야 하며, 한문보다는 한글로 사경하는 것이 훨씬 더 효과적입니다.

특히 사경을 하면 입시 등 각종시험의 합격에 큰 영험을 보이는 예가 많습니다. 나 또한 자녀의 불가능할듯한 특별한 시험이 있었을 때, 부부가 각각 천수경 21편씩을 사경하여 기적같은 성취를 본 일이 있었습니다.

다라니(진언) 독송 기도법

신묘장구대다라니 기도

관음기도와 관련된 최상의 다라니는 단연 신묘장구
대다라니입니다.

신묘장구대다라니는 천수다라니 · 대비심다라니 ·
대비주大悲呪 · 천수대비주 등의 이름으로도 많이 불
리우고, 우리들이 즐겨 외우는 『천수경』속에 수록되
어 있습니다. 그래서 많은 사람들은 '신묘장구대다라
니'를 담고 있는 원래의 경전을 『천수경』이라고 생
각합니다. 그러나 아닙니다. 『천수경』이 아니라, 7세
기 중엽에 인도출신의 가범달마迦梵達磨 스님이 번역
한 『천수천안관세음보살광대원만무애대비심다라니
경』입니다.

이 다라니를 외우면 열 가지 큰 가피가 있습니다.

① 편안하고 행복해짐
② 병이 나음
③ 장수함
④ 풍요로움을 얻음

⑤ 악업과 중죄 소멸

⑥ 장애와 고난을 떠남

⑦ 청정법이 증장됨

⑧ 선근을 성취함

⑨ 두려움을 떠남

⑩ 바라는 바를 속히 얻게 됨

또한 하루에 다섯 편씩 외우면 고난이 사라지고, 매일 21편이나 49편씩 계속 외우면 생사중죄가 소멸될 뿐 아니라 내생에 부처님의 영접을 받으며 불국토에 태어난다고 하였습니다.

이상과 같은 가피가 있어 일찍부터 많은 불자들이 신묘장구대다라니를 외우는 독송기도나 사경기도를 하였습니다. 그리고 그 영험담들이 널리 퍼져 현재까지도 많은 이들이 이 다라니를 독송하거나 사경을 하고 있습니다.

이 신묘장구대다라니 기도를 할 때는 최소기간을 21일 또는 49일로 잡는 것이 좋고, 보통은 백일기도를 함이 바람직합니다. 만일 현실적으로 아무런 문제가 없고 편안하지만, 대다라니를 외우면서 관세음보살님의 은근한 가피와 대다라니의 위신력을 입고자 하는 경우라면 하루 21편정도 외우면 됩니다.

이 기도는 21일·49일·1백일 등의 기간을 정하지 말고 늘 계속하는 것이 좋습니다. 그런데 신묘장구대다라니 기도를 제대로 해보고는 싶은데 아직 신심이 자리를 잡지 못하였다면, 21편씩 21일 동안 외우는 기도부터 시작하십시오. 그 다음에는 49편씩 49일 기도, 또 그 다음에는 100편 또는 108편씩 백일기도를 하면 참 좋습니다. 그러다가 신심이 생기면 1주일에 한 번씩 하루 1천 편을 하는 가행정진을 병행할 것을 권해봅니다.

그리고 가족 친족 영가의 천도를 위한 기도라면 하루 49편씩 49일 동안 기도를 하는 것이 바람직합니다.

만약 현재 꼭 이루었으면 하는 소원이 있다면 그 소원의 강도에 따라 기도를 하는 것이 맞습니다.

가령 조금만 힘을 기울이면 될 경우라면 21일 동안 49편이나 100편 또는 108편씩 외우면 되겠지만, 해결이 다소 힘들다 싶으면 49일 동안 100편 또는 108편, 1백일 동안 100편 또는 108편을 외울 각오를 해야 합니다.

곧 꼭 이루어야 할 소원이 있어 기도할 경우라면 적어도 하루에 한 두 시간은 기도를 해야 합니다. 참고로 하루 49편을 빨리 외울 경우 초보자는 1시간 정도의 기도시간이 소요됩니다.

그리고 한번 기간을 정하여 업장이 녹지도 원성취가 되지도 않을 때에는 '두 번 세 번 행하겠다'는 자세를 갖추어야 합니다.

이렇게 기한을 정하여 꾸준히 기도를 하다 보면 그 날짜가 다 채워지기도 전에 가피를 입는 듯한 징조를 감지하게 되는 경우가 있습니다. 그렇다고 하여 회향일 전에 기도를 그만두지 말고, 꾸준히 계속하여 날짜를 채우는 것이 좋습니다.

그리고 신묘장구대다라니의 사경도 매우 좋은 기도 방법으로, '사경이 더 영험스럽다'고 하는 이들도 많습니다. 사경을 할 경우 최소한 하루 3편에서 시작하여 7편이나 10편정도 쓰는 것이 좋고, 다급한 소원이 있을 경우에는 하루에 21편~25편씩 쓰는 것이 바람직합니다. 또한 사경과 독경을 적당한 비율로 섞어서 기도하는 것도 한 방법입니다.

신묘장구대다라니 속에는 이 법계의 자비와 행복의 기운이 가득 충만 되어 있습니다. 그 자비와 행복의 기운을 '나'의 것으로 만들게 하는 것이 대다라니 기도입니다. 부디 지금의 시련을 업장을 녹이고 큰 복을 담을 수 있는 기회로 생각하면서, 꼭 신묘장구대다라니 기도를 해보시기 바랍니다.

옴마니반메훔 기도

신묘장구대다라니 외에 관음기도·다라니 기도로서 오래 전승되어 온 것으로는 준제기도와 옴마니반메훔이 있습니다. 그러나 준제기도는 일반인이 행하기 매우 어렵고, 지금은 거의 행해지지 않고 있으므로, 여기에서는 「관세음보살 본심미묘 육자대명왕진언」인 '옴 마니 반메 훔' 기도에 대해서만 이야기 하겠습니다.

이 여섯글자의 크고 밝은 진언인 육자대명주 '옴 마니 반메 훔'은 아미타부처님께서 관세음보살을 칭찬한 말이었는데, 이 말 자체가 관세음보살의 본심本心이 되었다고 합니다.

그럼 아미타불께서 어떻게 칭찬하였는가? '옴 마니

반메 훔'의 뜻을 풀이하면 알 수 있습니다.

옴은 모든 좋은 것이 다 성취되어 있음을 나타내는 주문입니다.

마니는 마니보주摩尼寶珠의 줄임말로, 이 무색투명한 보주는 모든 것을 있는 그대로 받아들여 변화를 보였다가, 그 모습들이 사라지면 원래의 무색투명함을 잃지 않는, 우리의 본성을 뜻합니다.

반메는 '파트마'로 진흙탕 속에서 자라나지만 물들지 않는 처염상정處染常淨의 연꽃이며,

훔은 완성·성취의 의미를 지닌 단어입니다.

따라서 '옴마니반메훔'은 '모든 공덕을 두루 갖춘 마니보주요 어디에서나 청정한 연꽃과 같은 이'라고 칭찬한 아미타불의 말씀을, 관세음보살께서 평생의 좌우명으로 삼은 것이 '관세음보살 본심미묘 진언'으로 바뀌게 되었다고 보면 됩니다.

우리가 관세음보살님의 본심을 염하는데 어찌 관세음보살님께서 모른척하며 그냥 계시겠습니까? 육자대명주를 외우면 모든 악업이 소멸되고 복덕이 생겨날 뿐 아니라. 일체의 지혜와 선행을 낳게 된다고 하여 일찍부터 널리 염송되었으며, 오늘날에도 티벳이

나 몽고 등에서는 대부분의 불자들이 평생토록 이 진언만을 외우는 경우도 많습니다.

티벳어 경전인 『마니캄붐』에는 이 진언과 관련하여 다음과 같은 내용이 기록되어 있습니다.

❀

아득한 옛날, 아미타불께서 삼계의 모든 중생을 제도하기 위해 관세음보살의 몸으로 변화하여 서방 복덕연화국 왕원王苑의 연못에 탄생했습니다. 보살은 일체 중생을 이익 되게 하겠다는 대원을 발하고, 여섯 줄기의 광명을 놓아 지옥·아귀·축생·아수라·인간·천상계의 중생을 모두 구제하셨고, 고해의 중생을 널리 제도하기 위해 천수천안·십일면의 관음상을 나타내어 설했습니다.

"대자대비한 관세음보살은 '옴마니반메훔'의 여섯 자에 의해 육도에 있는 생사의 문을 모두 닫는다. 옴은 천, 마는 아수라, 니는 인간, 반은 축생, 메는 아귀, 훔은 지옥의 문을 닫느니라. 이 여섯 글자가 육도를 완전히 비게 할 것이니, 마땅히 반복하여 염하고 지닐지니라."

⚮

아울러 이 주문을 외우면 무량한 삼매와 법문을 갖추게 되고, 지송하는 자의 7대 조상까지 다 해탈을 얻으며, 뱃속의 모든 벌레까지도 보살의 지위에 이르게 된다고 하였습니다. 물론 지송하는 사람은 육바라밀의 원만한 공덕을 성취하고 다함없는 변재와 청정한 지혜를 갖추게 된다고 하였습니다.

또 이 육자대명왕진언을 옮겨 쓰는 공덕도 한량이 없다고 하여, 예부터 지금까지 티벳 등지에서는 쇠나 돌이나 나무 등에 새겨 길가에 세우기도 하고, 천에 써서 지붕 위에 걸기도 하며, 물방아나 바람방아 등에 써붙여 끊임없이 돌게도 합니다. 그리고 조그마한 둥근 통에 새겨 입으로 외우면서 돌리기도 합니다.

이 육자주기도는 고려시대에 라마교불교가 전래된 이래 우리나라에서 널리 행하여졌고, 최근까지도 수행하는 승려 및 힘을 얻고자 하는 재가불자들이 많이 외워 영험을 보았으며, 지금도 이 진언을 외우는 이들이 많이 있습니다.

독송 횟수를 정하여 행하는 기도법

독송 횟수를 정해 놓고 기도하는 경우의 대상 경전이나 다라니는 대체적으로 길이가 짧은 편이며, 대표적인 경전으로는 『고왕관세음경古王觀世音經』·『관세음몽수경觀世音夢授經』·『관세음구고경觀世音救苦經』이 있으며, 다라니로는 「불정심관세음보살모다라니」와 『관세음신주경觀世音神呪經』 등이 유명합니다.

여기에서는 이들 중 가장 많이 행하여지고 있는 몽수경과 불정심모다라니 기도를 영험담과 함께 엮어 보겠습니다.

관세음보살 몽수경 기도

먼저 영험담부터 소개하겠습니다.

❀

일제 때 장군을 지낸 김석원(金錫源, 1893~1978)거사님은 매일 아침저녁으로 『몽수경』을 열심히 염송했습니다.

그런데 1937년의 중일전쟁 때, 산서성山西省 전투에 참여한 장군은 가슴에 총탄을 맞고 그 자리에 쓰러졌습니다. 한참이 지난 후 정신을 차리고 일어나 보니, 다친 데 한 곳 없이 멀쩡했습니다. 너무나 이상하여 자세히 살펴보았더니, 가슴에 넣고 다닌 관세음보살 호신불護身佛에만 구멍이 뚫려 있었습니다.

이러한 기적이 모두 관세음보살의 보살핌 때문이라는 것을 깨달은 장군은, 그 뒤부터 하루에 『몽수경』 1백 편과 '관세음보살'을 만 번씩 불렀습니다. 일을 하면서도 관세음보살, 전쟁터에서도 관세음보살을 불러, 잠시도 입에서 관세음보살을 뗀 적이 없었다고 합니다.

§

80자의 짧은 경문으로 이루어진 『몽수경夢授經』은 관세음보살께서 재난을 당한 사람의 꿈에 나타나 설한 경입니다. 10만편을 외우게 되면 모든 재앙을 흩어 버리고 집안을 평화롭게 만드는 큰 힘을 지니고 있다고 하여 예로부터 많은 사람들에 의해 독송되어 왔습니다.

南無觀世音菩薩 南無佛 南無法 南無僧
나무관세음보살 나무불 나무법 나무승

與佛有因　與佛有緣　佛法相因　常樂我淨
여불유인　여불유연　불법상인　상락아정

朝念觀世音　暮念觀世音　念念從心起　念佛不離心
조념관세음　모념관세음　염념종심기　염불불리심

天羅神　地羅神　人離難　難離身　一切災殃化爲塵
천라신　지라신　인리난　난리신　일체재앙화위진

南無摩訶般若波羅蜜
나무마하반야바라밀

(번역) 나무관세음보살 나무불 나무법 나무승
부처님과 인因이 있고 부처님과 연緣이 있어 불법을
만났으니 영원하고 행복하고 자재롭고 번뇌가 없나
이다〔常樂我淨〕.
아침에도 관세음보살님을 생각하고
저녁에도 관세음보살님을 생각하니
생각마다 관세음보살님이 있고
관세음보살님이 마음을 떠나지 않나니
하늘에 가득한 신과 땅에 가득한 신이 지켜주시어
사람에게서 재난이 떠나고 재난이 몸에서 떠나서
일체의 재앙이 티끌로 변하여지이다.
나무마하반야바라밀.

이 몽수경을 외워보십시오. 특히 뜻을 새기면서 읽으면 더욱 평화롭고 환희로워집니다. 그리하여 김석원 장군처럼 깊은 믿음이 생기면 두려울 것이 없게 됩니다. '관세음보살님이 언제나 나와 함께 한다'고 믿으면 총알이 빗발처럼 날리는 전쟁터에 나가도 걱정할 것이 조금도 없습니다. 두려움 없는 평화가 언제나 함께 하기 때문입니다.

그러므로 우리는 주위의 사람들이 두려움을 느낄 때, 기도를 통하여 평화를 이룰 수 있도록 권장할 필요가 있습니다.

어려운 일에 부딪혀 어떻게 할지를 모른 채 크게 걱정하는 사람에게, "관세음보살 또는 몽수경을 외우면서 마음을 가라앉히고 가피를 구해 보라."는 한마디를 일러줄 수 있는 불자, '이러다 죽는 것이 아닐까?' 불안해하는 사람에게 "간단한 몽수경을 외우며 관음기도를 해보게. 불안의 해결은 물론 죽음 이후까지도 함께 해주실테니까."라고 하면서 기도를 권할 수 있는 불자가 되어야 합니다.

진정 기도를 통하여 사람들을 두려움 없는 세계로 인도하면, 그것보다 더 큰 복을 짓는 일이 어디에 있겠습니까? 꼭 기억하시기 바랍니다.

불정심관세음보살모다라니 기도
먼저 116글자로 된 다라니부터 제시하겠습니다.

나모라 다나다라 야야 나막 아리야 바로기제 새바
라야 모지사다바야 마하사다바야 마하가로니가야 다
냐타 아바다 아바다 바리바제 인혜혜 다냐타 살바다
라니 만다라야 인혜혜 바라마수다 못다야
옴 살바작수가야 다라니 인지리야 다냐타 바로기제
새바라야 살바돗타 오하야미 사바하

이 다라니 기도는 10만번을 독송하는 것을 기본으
로 삼고 있는데, 이 기도를 하여 가피를 본 영험담부
터 소개하겠습니다.

❀

조선 말기, 고高씨 성을 가진 한 젊은이가 문둥병에
걸렸습니다. 처음에는 온몸이 곪아터지기 시작하더
니, 마침내는 손가락 마디마디가 떨어져 나가 양쪽 엄
지손가락만 남게 되었습니다. 마을에서도 쫓겨나게

된 그 젊은이는 한술 밥을 빌어먹으며 모진 목숨을 부지했습니다.

그러던 어느 여름날, 젊은이는 정자나무 밑에서 한 노스님을 만났고, 기도성취에 관한 여러 가지 이야기를 듣다가 자신의 병에 대해 물었습니다.

"스님, 제가 걸린 문둥병도 고칠 수 있습니까?"

"고칠 수 있다마다. 불정심관세음보살모다라니 10만번만 외우면 능히 나을 수 있지."

"스님, 저에게 그 주문을 가르쳐 주십시오."

노스님은 자상하게 그 주문을 써 주고, 직접 여러 차례 읽어 주었습니다.

젊은이는 곧바로 동네 앞에 있는 개천가로 가서 잔돌 1천 개를 모았습니다. 젊은이는 아침저녁, 동네에 들어가 밥을 얻어먹는 시간을 제외하고는 오로지 관세음보살모다라니를 외우는 일에만 몰두했습니다.

한 번 외우고는 돌 하나를 반대쪽으로 옮기고, 또 한 번 외우고는 돌을 하나 반대쪽으로 옮기고…. 이렇게 1백 번을 옮기게 되자 10만 번의 독송을 마치게 되었고, 그날 밤 감미로운 한 편의 꿈을 꾸었습니다.

우아하고 아름다운 한 여인이 젊은이를 찾아와 두

팔로 안더니, 개천으로 데리고 들어가서 정성껏 온몸을 씻어 주는 것이었습니다. 젊은이는 말할 수 없는 상쾌함을 느끼고 꿈에서 깨어났는데, 그토록 자신을 못살게 굴었던 문둥병이 깨끗이 치료되어 있었습니다.

젊은이는 관세음보살모다라니를 일러준 노스님을 은인으로 생각하고, 다시 한 번 만나 보기 위해 전국 방방곡곡의 절을 찾아다녔습니다. 그러나 그 노스님은 찾을 수도 없었고, 그와 같은 노스님을 알고 있는 사람도 없었습니다.

'그분은 틀림없이 관세음보살님의 화신이리라.' 젊은이는 마침내 출가하여 덕산德山이라는 법명을 받았고, 경주 석굴암에서 일평생을 기도하며 지냈다고 합니다.

⚶

예로부터 불정심관세음보살모다라니를 10만 번 외워 목숨을 구하고 불치병을 치료한 예는 참으로 많습니다. 이처럼 언제까지 해야 할지 모르는 막연한 기도가 아니라, 10만번이라는 한정된 숫자를 두고 기도하는 것도 좋은 방편의 하나가 될 수 있습니다.

지금 중한 병에 걸렸거나 큰 장애가 있는 분이라면 이 모다라니를 정성껏 외워 보십시오. 10만 번의 숫자 속에서 녹아내리는 업장! 업장만 녹아내리면 거기에 청량이 있고 자유와 해탈이 있습니다.

부디 신심을 일으켜서 대자대비하신 관세음보살님을 잘 모시고 잘 받들며 기도하여, 현재의 고난해탈은 물론이요 영원한 사랑과 행복과 지혜를 얻고, 무한향상과 무한평화를 증득하옵기를 두 손 모아 축원드리옵니다.

관음관법

관음색신관

　기도를 하는 이의 대부분은 원을 성취시켜 주는 절
대적인 힘을 지닌 분의 모습을 속으로 그려보기 마련
입니다. 그분을 머리 속에 또렷이 떠올림으로써 보다
깊은 믿음을 일으킬 수 있기 때문입니다. 관음기도에
서도 마찬가지입니다. 관세음보살님의 모습을 잘 떠
올릴수록 깊은 믿음 속에서 평화와 행복이 깃들고 원
성취가 쉽게 이루어집니다.

　실로 관세음보살님을 또렷하게 떠올리거나 관하면
서 기도하는 것과 흐리멍덩 기도하는 것은 믿음과 원
성취에 있어 큰 차이를 보이게 됩니다. 그런데 불자

들 중에는 관세음보살님을 떠올리면서 기도한다는 이가 그다지 많지 않을 뿐더러 어떠한 관세음보살님의 모습을 그려야 하는지조차 알지 못하는 이들이 많습니다.

그럼 관음기도를 하는 이들은 관세음보살님의 모습을 어떻게 떠올려야 하는가?

물론 중생을 위해 나타나는 관세음보살님의 모습이 7관음·33관음·32응신應身 등 매우 다양하기 때문에 각자의 인연에 따라 '나름대로'의 모습을 떠올리기 마련입니다. 하지만 나름대로는 '참〔眞〕'에 접근하기가 어렵습니다. 그래서 부처님께서는 『관무량수경觀無量壽經』을 통하여 '중생 나름대로'가 아닌, 관세음보살의 모습을 가장 완벽하게 관하는 방법을 설하여 주셨습니다.

『관무량수경』의 16관법觀法 중 열 번째, 관세음보살의 색신色身을 마음으로 그려보는 관음관이 그것입니다. 이제 『관무량수경』의 부처님 말씀을 세 부분으로 나누어 살펴보도록 합시다.

마땅히 관세음보살을 관觀할지니, 이 보살의 키는 80

만억 나유타유순이요 몸의 빛은 자금색紫金色이며 정수리에는 육계肉髻가 있느니라. 머리 뒤로는 둥근 모양의 빛인 원광(圓光 : 곧 頭光)이 있어 백천유순의 먼 곳까지 비추고, 원광 속에는 5백의 화불化佛이 계시는데 그 모습이 나 석가모니의 모습과 같으며, 다시 한 분 한 분의 화불化佛을 5백의 보살과 헤아릴 수 없는 천인天人들이 모시고 있느니라. 또한 몸에서 나오는 빛인 신광身光 속에는 오도五道 중생의 모든 모습이 나타나 있느니라.

머리 위에는 마니보주磨尼寶珠로 꾸민 천관天冠을 썼고, 천관 가운데에는 한 분의 화불이 서 계시는데, 높이는 25유순이니라.

부처님께서는 관세음보살님의 키가 80만억 나유타유순이나 되고, 머리 뒤의 둥근 빛은 백천유순이나 된다고 하셨습니다. 과연 관세음보살님은 얼마나 크신 분인가?

인도의 길이 단위인 1유순由旬은 약 40리, 곧 16㎞이고, 나유타유순이라고 하면 16㎞에 수억만 배 곱한 길이입니다. 그런데 이것도 모자라 '80만억×나유타유순'이라 하셨습니다. 그렇다면 관세음보살님의 키는 이 우주에 가득 채워지고도 남습니다.

그렇습니다. 관세음보살님은 우주 그 자체라고 할 수 있습니다. 대우주 속에 충만되어 있는 크나큰 사랑, 빛, 곧 대자비의 에너지 자체가 관세음보살이기 때문에, 부처님께서는 이것을 깨우치기 위해 상상을 초월한 수치를 말씀하신 것입니다.

그리고 관세음보살님의 머리 뒤의 두광 속에는 석가모니불의 모습과 같은 5백 분의 부처님이 계시고, 이 5백 화불 각각을 5백 보살과 수많은 천인들이 모시고 있다고 하였습니다. 이것이 무엇을 의미할까요? 이 대우주 법계 속에 있는 다양한 불국토들이 관세음보살님의 대자비 에너지에 의해 펼쳐진다는 것을 나타내고 있습니다.

나아가 몸에서 뿜어져 나오는 빛인 신광 속에는 오도五道, 곧 지옥·아귀·축생·인간·하늘나라에서 살고 있는 모든 중생들의 모습이 다 나타난다고 하셨습니다. 왜 이 말씀을 하신 것인가? 관세음보살님께서 언제나 우리와 함께 하고 중생과 함께 하면서 자비의 빛을 비추어주고 있음을 깨우쳐 주고 계신 것입니다.

또한 머리 위에 쓴 천관 가운데 서 계신 화불은 관세음보살님께서 근본 스승[本師]으로 받들어 모시고 있는 아미타불阿彌陀佛이십니다. 언제나 무량한 생명력과 빛을 갖춘 아미타불을 늘 받들면서 중생을 교화하고 있다는 것을 나타내고 있습니다.

관세음보살의 얼굴은 자금색紫金色이며, 미간의 백호白豪는 칠보七寶의 빛깔을 지녔는데 거기에서 8만4천의 광명을 뿜어내고 있느니라. 그 하나하나의 광명 속에는 한량없는 화불化佛이 계시고, 다시 하나하나의 화불을 헤아릴 수 없이 많은 보살들이 모시고 있으며, 자유자재로 변화하면서 시방세계에 충만되어 있느니라.

또한 80억 광명을 뿜어내는 영락(瓔珞 : 보배구슬)으로 몸을 장식하였는데, 그 영락으로 모든 장엄한 일들을 나타내느니라.

손바닥은 5백억 가지 연꽃의 색이 나며, 열 손가락의 끝부분 하나하나마다 8만4천 가지의 무늬가 있는데, 마치 도장처럼 무늬가 같고 하나하나의 무늬마다 8만4천의 색이 있으며, 하나하나의 색 또한 8만4천 가지의 광명이 있나니 그 빛은 부드럽고 연하여 널리 모든 것을 비추며, 이러한 보배의 손으로 중생을 맞아들이고 교화하느니라.

관세음보살이 발을 들 때에는 발바닥에 새겨져 있는 천복륜(千輻輪 : 바퀴살이 천개 달린 바퀴)모양이 자연스럽게 5백억의 광명대光明臺로 변화하며, 발을 디딜 때에는 금강보주金剛寶珠로 된 꽃이 흩어져 가득하지 않음이 없느니라.

관세음보살은 자금색紫金色의 몸과 얼굴을 지니고 있다고 하였습니다. 자금색은 자줏빛〔紫色〕을 띤 금색으로, 동양의 관상학에서 볼 때 자색은 길상을 나타내는 가장 대표적인 색입니다. 일생에 한두 번, 생애 최고의 경사가 있을 때 자색이 사람의 얼굴에 잠깐 비친다고 합니다.

그런데 관세음보살은 자색보다 더욱 훌륭한 자금색을 언제나 띠고 계십니다. 그 어떤 마음가짐보다 훌륭한 대자비심을 언제나 품고 계신 분이 관세음보살이기에, 대길상의 색인 자금색을 한결같이 띠게 된다는 사실을 우리는 알아야 합니다.

그리고 변화가 자재한 미간 백호의 광명 또한 한이 없습니다. 지혜를 상징하는 백호의 광명. 이 광명은 누구를 비추고 있는가? 바로 우리를 비춥니다. 우리의 지혜를 발현시켜주기 위해, 우리를 밝음의 세계로 바라밀의 세계로 인도하기 위해 중생이 있는 곳이면 그 어디에나 끊임없이 비춰주고 계신 것입니다.

아울러 열 손가락 끝으로 부드럽고 연한 광명을 뿜어 삼독三毒의 습관으로 굳어져 있는 고통 속의 중생을 어루만져주시고 맞아들이고 교화하시니, 어찌 관세음보살께서 발걸음을 옮기는 자리에 풍족함과 향기를 선사하는 보배로운 꽃이 피어나지 않을 수 있겠습니까?

이와 같이 관세음보살을 관하는 것을 진실색신상眞實色身想이라 하고 제십관第十觀이라 이름하나니라.

만약 관세음보살을 보고자 하거든 이렇게 관할지니, 이와같이 관하는 사람은 모든 재앙을 만나지 않고 업장을 깨끗이 제거하여 한량없는 겁劫 동안 지은 생사의 죄를 면할 수 있느니라. 실로 관세음보살의 이름만 들어도 한량없는 복을 얻는데, 하물며 관조觀照를 함에 있어서랴.

모름지기 관세음보살을 관하는 이는, 먼저 정수리 위의 육계肉髻와 광명을 관하고 다음으로 천관天冠을 관하고 그 나머지 모습들을 차례로 관하여 뚜렷하기가 자기의 손바닥을 보는 것과 같이 되어야 하느니라.

부처님께서는 이렇게 관세음보살을 관하는 것을 '진실색신상眞實色身想' 이라 이름하시고, 관세음보살을 관하면 모든 업장의 소멸은 물론이요 한량없는 복을 받게 된다고 하셨습니다.

그리고 관觀하는 순서로는, 머리 위의 육계→머리 뒤의 원광→몸에서 뿜어져 나오는 신광→머리에 쓴 천관→미간 백호의 광명→몸에 두른 영락→손→발을 차례차례 관하되, 관세음보살 모습이 생생하게 떠오르도록 해야 한다고 하셨습니다.

관세음보살님의 자비를 구하는 기도인이여. 이렇게 한 번 관세음보살님을 관하여 보십시오.『관무량수경』에 설한 것과 같이, 관세음보살을 떠올리고 관세음보살을 그려보십시오. 부처님의 말씀 그대로 업장소멸은 물론이요 크나큰 행복이 우리에게로 틀림없이 다가서게 됩니다.

하지만 우리 불자들 중에는 이와 같은 관세음보살의 진실색신상眞實色身想을 쉽게 떠올리지 못하는 이도 많이 있습니다. 그러한 분을 위해 한 가지 방편을 제시하고자 합니다.

곧, 자주 다니는 사찰에 모셔놓은 관세음보살상 또는 아주 모습이 거룩한 관음상이나 사진·그림 중에서 하나를 택하여 '나의 관세음보살님'으로 삼고 늘상 떠올리는 것입니다.

이상의 관음색신관을 기도할 때는 물론이요, 밥 짓고 빨래를 할 때, 또는 지하철·버스 등의 대중교통편을 이용할 때, 마음이 초조하거나 사람을 기다릴 때 등, 여가가 있을 때마다 관세음보살을 떠올리고 관하면 그렇게 편해질 수가 없습니다.

나아가 이 관법을 오래오래 닦다보면 내 마음이 그대로 관세음보살님의 마음으로 바뀌게 됩니다.

부디 우리의 마음에 관세음보살을 떠올려 마음의 눈으로 관세음보살을 보고 마침내는 관음의 자비와 한 몸을 이루는 이 관음색신관을 즐겨 닦기 바랍니다.

자광삼매기도법

앞에서 우리는 관음염불기도법과 관세음보살의 모습을 떠올리는 진실색신관법에 대해 살펴보았습니다. 그런데 이 두 가지를 하나로 합하여 기도를 하게 되면 우리의 집중력과 관세음보살의 가피력이 더욱 커져서 원願을 정말 빨리 이룰 수 있게 됩니다.

그럼 이 둘을 합한 기도는 어떻게 하는가?

간단히 말해, 관세음보살의 모습을 떠올리면서 입으로 끊임없이 '관세음보살'을 외우는 것입니다.

하지만 관세음보살의 모습을 그냥 단순히 그려보는 것이 아니라, '나' 또는 가피를 얻었으면 하는 대상이 관세음보살의 미간의 백호나 몸이나 손에서 뿜어져 나오는 광명을 듬뿍 받고 있는 모습을 떠올려야 합니다.

한 예로, 어머니가 아들의 대학입학시험 합격을 기원하는 기도를 올린다고 합시다. 어머니는 입으로 끊임없이 관세음보살을 부르면서, 관세음보살님이 백호에서나 몸·손끝에서 뿜어낸 자비광명으로 아들을 비추어주고 있는 모습을 떠올려야 합니다.

그렇게 열심히 기도를 하면서 공부 잘 할 것과 합격을 기원해보십시오. 관세음보살님의 밝은 가피가 아들에게로 곧바로 향하게 되어 건강하고 공부 잘하고 원하는 대학에 능히 합격을 하는 좋은 결실을 맺을 수 있게 됩니다.

또 부모·자식·부부·형제 등 가까운 사이의 사람이 힘든 병을 앓고 있는 경우, 관세음보살님의 백호광명이 그 사람의 온몸을 비추고 자비광명을 뿜어내는 손끝으로 아픈 부위를 치료하는 모습을 관하게 되면 치유의 효과를 크게 볼 수 있습니다.

특히 가족끼리는 뇌파작용·에너지전달작용이 어느 누구보다도 강하기 때문에, 이렇게 기도하면 관세음보살님의 자비광명이 훨씬 빨리 전달됩니다. 실로 밝은 광명을 받게 되면 어둡던 장애는 사라지기 마련이요, 장애가 없으면 뜻대로 이룰 수 있음이 자명한 이치이지 않겠습니까?

가족이나 다른 사람들만이 아닙니다. '나'에게 장애가 있거나 이룰 일이 있을 때에도, '나'의 온몸 위로 관세음보살님의 자비광명이 쏟아져 내리는 모습을 관하면서 관음염불을 해보십시오. 참으로 관세음보살의 무한 자비와 불가사의한 힘을 느끼게 될 것입니다.

나는 기도법을 묻는 이들에게 이 방법을 많이 일러주고 있습니다. 몸이 아픈 사람, 자식 걱정이 많은 사람, 사랑을 갈구하는 사람, 직장을 얻고자 하는 사람, 돈 때문에 고민하는 사람 등….

그런데 참으로 묘하게도 이 기도를 하고 얼마 지나지 않아 거의 대부분이 원을 성취했다는 소식과 함께 감사의 뜻을 전해왔습니다. 이 얼마나 기쁜 일입니까?

그럼 이와 같이 기도할 때 가피를 빨리 입게 되는 까닭이 무엇인가? 바로 집중이 잘되기 때문입니다.

관세음보살의 자비광명이 가피를 입을 대상에게 향하도록 하고 입으로 관세음보살을 끊임없이 찾으면, ①관세음보살님과 ②관세음보살을 부르는 '나', ③가피를 입을 자 또는 일, 이 세 가지가 저절로 하나를 이루게 됩니다.

따라서 단순히 염불만 하는 때보다 번뇌가 솟아날 틈이 줄어들고, 번뇌가 줄어들면 훨씬 더 집중을 잘할 수 있게 되는 것입니다.

모름지기 집중이 잘되면 마음이 고요해지고, 마음이 고요해지면 맑아지고, 맑아지면 밝아져서 마침내 지혜의 빛이 뿜어져 나오게 됩니다. 그때가 되면 물리치지 못할 무명無明이 어디에 있고, 녹아내리지 않을 업장이 어디에 있으며, 이루지 못할 소원이 어디에 있겠습니까?

실로 이 기도법은 제가 일방적으로 창안해낸 것이 아닙니다. 『관무량수경』의 진실색신관과 이통현李通玄 장자가 지은 『화엄경론華嚴經論』의 불광삼매佛光三昧를 기초로 삼고, 평소 즐겨 행하던 관음염불 기도법을 더하여 응용해본 것입니다. 그런데 생각 밖의 집중력과 효과가 있었습니다.

『화엄경론』의 불광삼매관은 부처님의 광명을 내가 받아 불광佛光 그 자체가 되고, 내가 다시 불광을 내뿜는 것을 관하는 수행법입니다. 이 원리를 응용해보십시오.

내가 관세음보살님의 자비광명을 받으면 나는 관세음보살님의 빛이 되고, 내가 다시 그 빛을 발현시키면 '나'는 또 다른 관세음보살이 됩니다. 진정 이러한 관법을 이룰진대, 어찌 대자비의 기운이 '나' 속에서 약동하지 않겠습니까?

나는 이 기도법에 대한 이름이 필요할 것 같아 '자광삼매기도법慈光三昧祈禱法'이라는 명칭을 붙여보았습니다. 그러나 이름은 중요한 것이 아닙니다.

그야말로 이 '자광삼매기도법'은 집중을 통하여 관세음보살님의 대자비광명을 흠뻑 받아 밝음을 여는 기도법입니다.

우리를 방황하고 두렵고 힘들게 만들었던 어둠 속의 삶, 어둠의 근본인 다생다겁동안의 무명을 일시에 밝음으로 바꾸는 기도법입니다. 깜깜한 방에 들어가 전기스위치를 켬으로써 온 방을 밝게 만드는 기도법입니다.

실로 내가 행한 기도를 통하여 나와 내 가족과 이웃과 사회가 맑아지고 밝아진다면 이 얼마나 멋진 일입니까?

기도성취를 원하는 불자들이여. 결코 이를 소홀히 흘려버리지 말고 꼭 한번 실천해보시기를 간곡히 당부드립니다.

관음상 또는 관음불화를 모시자

　이제 관음기도를 하는 불자들에게 한 가지 부탁을 드리고자 합니다. 그 부탁은 관음상 또는 관음불화를 집안에 모시자는 것입니다.

　우리나라 불자들은 집안에 불상을 모시는 것을 금기처럼 생각하고 있습니다. 이와는 달리 우리와 같은 대승불교권인 중국이나 일본에서는 집안에 불상과 불단을 모시는 것을 당연하게 여기고 있고, 태국·미얀마·스리랑카 등의 남방불교권에서는 불상을 선물로 받는 것을 가장 큰 영광으로 여기고 있습니다. 그들은 집안에 '불상 몇 십체體를 모시고 있는 것'을 큰 자랑으로 삼고 있으며, 그 불상 앞에서 아침저녁으로 간단한 기도를 행합니다.

　그런데 왜 우리나라만은 불상을 모시는 것을 금기시하는 것인가?

　그 까닭은 조선시대 5백년의 억불정책에서 찾아야 합니다. 불교를 배척했던 조선왕조는 불교를 믿는 것 자체를 법으로 금지하였고, 사대부들의 사찰 출입을 철저히 통제하였습니다. 따라서 집안에 불상을 모신다는 것은 곧 법을 어기는 일이었고, 집안에 불상을 모시는 이들은 사회로부터 매장을 당했습니다.

사찰 출입도 마음대로 할 수 없었던 시절에 어찌 집안에 불상을 모실 수 있었겠습니까? 자연 집안에 불상을 모시는 것은 금기시되었고, 그와 같은 그릇된 전통이 일제시대를 거쳐 오늘에까지 내려오고 있는 것입니다.

하지만 우리나라에서도 삼국시대·통일신라·고려시대에는 집안에 불상을 모시고 아침저녁으로 기도를 올렸습니다. 이와 같은 전통은 꼭 다시 회복되어야 합니다.

이제 옛 설화 한 편을 인용하여, '가정에 불보살의 불상이나 불화'를 봉안하면 가정에 불화가 생기고 불길해진다는 속설을 말끔히 떨쳐내고자 합니다.

중국 제나라 때 높은 벼슬을 지낸 손경덕孫敬德은 집안에 관세음보살상을 모시고 항상 공경히 섬겨온 관음행자였습니다.

어느 때 그는 간악한 무리들의 모함으로 대역죄를 뒤집어쓰고 3일 후 사형에 처해지게 되었습니다. 죽을 날을 기다리며 옥에 갇힌 그는 억울함과 초조함과 원망스러운 마음을 걷잡을 수 없었습니다. 그리고 그 원망이 마침내는 관세음보살님께까지 미쳤습니다.

'내가 평소에 관세음보살 대하기를 소홀히 하지 않았거늘, 이렇듯 큰 누명을 쓰고 죽어야 하다니! 관세음보살님도 참으로 무심하시구나….'

이렇게 원망도 하고 은근히 관세음보살의 구원도 바라면서 몸을 뒤척이다가 잠이 들었는데, 비몽사몽간에 노스님 한 분이 나타나서 일찍이 들어본 적이 없는『구고관음경救苦觀音經』을 가르쳐주면서 말하였습니다.

"이 경을 천 번만 일심으로 외우면 죽음을 면할 수 있다. 빨리 일어나 외우도록 하여라."

손경덕은 황급히 일어나 노스님께서 일러주신『구고관음경』을 기억해 보았고, 3백 글자가 넘는 경문이 저절로 외어졌습니다. 손경덕은 이 경을 지성으로 외웠습니다. 밥을 먹는 것도 잠을 자는 것도 잊어버리고 오직 이 경만을 외웠습니다.

마침내 처형을 당하는 날이 되었습니다. 하지만 손경덕은 조그마한 공포심도 없이 의연히 웃옷을 벗고 형장으로 향하는 수레 위에 앉았습니다. 그리고 오로지 『구고관음경』만을 지성으로 외워 형장에 이르기 직전에 겨우 1천 번을 외워 마쳤습니다.

형장에 이르니 기다리고 있던 망나니가 칼을 번쩍 들어 손경덕의 목을 내리쳤습니다. 그런데 뜻밖에도 칼은 세 조각이 나면서 부러졌고 손경덕의 목은 흠 하나 없었습니다. 망나니가 세 번이나 칼을 바꾸어 형을 집행하였지만 결과는 마찬가지였습니다.

당황한 사형 집행관이 황제에게 이 사실을 보고하자 왕은 즉시 손경덕을 불러 물었습니다.

"도대체 그대가 어떤 환술幻術을 부린 것인가?"

"환술이 아니라 『구고관음경』을 1천번 외웠을 뿐입니다."

마침내 관세음보살의 위신력에 감복한 왕은 손경덕을 사면하였습니다. 집으로 돌아온 손경덕은 평소에 기도했던 관음상 앞에서 감사의 예배를 올리다가, 관음상의 목에 칼을 맞은듯한 자국이 세 군데나 있는 것을 보았습니다.

'아! 대자대비하신 관세음보살님께서 나의 고통을 대신받고 목숨을 살려주셨구나.'

손경덕은 가슴 벅찬 눈물을 흘리며 관세음보살께 감사와 감격의 예배를 올렸고, 그 뒤 더욱 열심히 기도하는 관음행자가 되었습니다.

§

이 한 편의 실화는 우리에게 많은 것을 시사해주고 있지만, 지금은 불보살상이나 불화를 모시는 것에만 초점을 맞추겠습니다.

손경덕의 집에 모셔진 관음상은 손경덕의 원불願佛이었으며, 그 원불이 믿는 이의 간절한 마음에 감응하여 그의 죽음까지도 대신 받았던 것입니다.

그런데 어찌 집안에 불상을 모시는 일이 불행의 원인이 된다는 것입니까? 집안에서 사찰처럼 멋진 예불문과 공양을 올리지 못한다고 하여 배고픈 불보살이 노여움으로 벌이라도 내린다는 것입니까? 아닙니다. 적어도 불보살은 잿밥에 관심이 없습니다.

오히려 하루 단 한 번의 지극한 합장배례를 칭찬하고 보살펴줄 자비의 대성大聖들입니다.

나아가 불상이나 불화를 모심으로 해서 경건해지는 집안의 분위기, 불상의 예배를 통한 마음의 정화는 우리의 생활을 윤택하게 만들어 줍니다.

나는 간곡히 권하고 싶습니다. 우리의 집안에 관음
상을 모시자고. 우리의 집안에 원불을 봉안하자고

그 관음상은 우리 손으로 깎아 만든 목불이라도 좋
습니다. 어느 불구점에서 구해온 작은 불상이라도 좋
습니다. 한 장의 그림이라도 좋고 관음상이나 관음탱
화를 찍은 사진이라도 좋습니다.

다만 그 관음상 앞에서 우리의 모습을 보고 관음의
자비를 배우며 기도하는 관음행자가 되면 족합니다.

하지만 기도를 하는 것과 하지 않는 것의 차이는
엄청납니다. 정녕 하루에 단 5분·10분의 시간이라
도 '관세음보살'을 부르고 관하면서 지성의 염원을
심어 보십시오. 그 원의 성취는 물론이요 집안이 정
말 밝아집니다. 가족 모두가 평화롭고 행복해집니다.

우리의 마음에 관세음보살님이 충만하고 이 집안에
관세음보살님의 자비광명이 충만하고 가는 곳마다
관세음보살님의 빛이 충만해집니다.

중생의 마음이 관음의 빛 속으로 향할 때 중생의 소
리를 마음으로 포옹하는 관세음보살님은 이미 여기
에 와 있습니다. 거룩하신 관세음보살님께서는 관음
을 염하고 관하는 기도인과 언제나 함께 하여, 모든

괴로움을 없애주고 마침내는 한없는 행복과 환희로움을 만끽할 수 있게 해주십니다.

부디 행복과 환희로움이 늘 가득해질 그 날까지 관세음보살님을 잘 모시고 잘 염하고 잘 관하는 기도인이 되기를 두 손 모아 축원드립니다.

끝을 맺으며 감히 청하옵니다

두 가지 당부

관세음보살. 그 분은 사랑의 보살입니다. 그러기에
그 분은 '사랑이 무엇인가'를 깨우쳐주십니다. 참된
사랑, 조건 없는 사랑이 무엇인가를 가르쳐주십니다.
'사랑은 살리는 것'이라는 것을. 믿음이 깊으면 깊을
수록 사랑도 완벽하게 깃든다는 것을.

그리고 참으로 잘 사랑하기 위해서는 내 마음을 어
떻게 가꾸어야 하는가를 일깨워주시고, 다른 이를 사
랑하는 구체적인 방법인 보시섭·애어섭·이행섭·
동사섭을 잘 실천할 것을 일러주셨습니다.

이제 글을 끝맺음하면서, 관음기도를 하는 불자들

에게 두 가지를 꼭 당부드리고 싶습니다.

첫 번째로 당부드리고 싶은 것은 **선행**善行입니다.

기도인의 선행은 어쩌면 당연한 것일지도 모릅니다. 기도하는 그 마음 자체가 '선善'이기 때문에 기도인의 행동 하나하나는 그대로 선행일 수 있습니다. 그러나 탐욕과 이기심을 벗지 못한 일부 기도인 중에는 기도 자체만을 중요시하고 선행을 돌아보지 않는 이들도 있습니다.

관음기도를 하는 불자는 이러면 안 됩니다. 관세음보살님의 자비를 배우고 대자비의 기운 속에서 소원을 이루고자 하는 관음기도인이므로, 오히려 적극적으로 선행을 베풀어야 합니다.

어찌 기도가 절하고 염불하는 것만으로 그치겠습니까? 스스로의 잘못을 뉘우치고 용서를 구하는 것, 사람들을 기쁘고 즐겁게 하는 것, 남의 불만이나 두려움을 없애주고 편안하게 해주는 것, 정성껏 사람들을 돕고 보시하는 것. 이 모두가 관세음보살님께서 깨우쳐주고 있는 또 다른 기도법입니다.

부디 순수한 마음가짐과 말과 행동으로 선행을 쌓

아가십시오. 그 선행들이 촉매가 되어 틀림없이 우리에게 기도성취라는 결실을 거둘 수 있게 해줍니다.

두 번째 당부는 **틈만 나면 '관세음보살'을 부르고 생각하라**는 것입니다.

'관세음보살'을 자꾸자꾸 외우다보면 어느 순간부터 마음이 조용히 가라앉게 됩니다. 탐욕·분노·어리석음 등의 번뇌가 잦아듦은 물론이요, 주위가 아무리 소란하여도 마음이 고요해지고 한없는 평화로움을 느낄 수 있게 됩니다.

하지만 저절로 이렇게 되지는 않습니다. 노력이 필요합니다. 집중의 노력이 필요합니다. 주변의 소리나 모습을 따라가지 말고 마음을 모아 '관세음보살'을 찾는 집중의 노력이 필요합니다.

주변에 마음을 빼앗겨서 좇아가지 말고, '관세음보살' 염불로 돌아가고 또 돌아가면 마음이 차츰 정돈이 되어, 산란하고 불안하던 마음이 고요함과 평화로움으로 바뀌게 됩니다.

그리고 번뇌가 없는 고요함과 두려움 없는 평화로움 속에서 '관세음보살'을 한마음으로 부르게 되면 관세음보살님의 가피로 심중의 소원들이 저절로 성취됩니다. 심중소원의 성취만이 아닙니다. 견성도 할 수 있고 신통도 가능해집니다.

그러나 이것이 그냥 이루어지지는 않습니다. 꼭 해야만 할 노력이 있습니다. 그것이 무엇인가? 관세음보살님과 하나가 되고자하는 노력입니다.

그러므로 순수하고 진지했던 기도 시작 때의 마음〔初心〕을 돌아보면서, 틈틈이 '관세음보살'을 자꾸자꾸 찾아야합니다. 일을 하다가도 관세음보살, 출퇴근을 하거나 길을 걸을 때도 관세음보살, 밥을 먹을 때나 대소변을 볼때도 관세음보살….

이렇게 '관세음보살'을 늘 품고 살다보면 문득 대자대비를 체득하게 됩니다. 날아가는 새도 남이 아니요, 기어가는 개미도 남이 아니게 됩니다. 방긋 웃는 꽃들도 억센 잡초들도 다른 존재가 아니게 됩니다. 모두가 나와 다를 바 없는 몸이요, 선지식이요 부처님이요 관세음보살로 바뀝니다.

'관세음보살'을 부르십시오. 살다가 힘든 사람, 이상한 사람, 삐딱한 사람을 만날 때에도 자꾸자꾸 '관세음보살'을 염해보십시오. 어느 결에 분위기가 부드러워지고 좋은 상황으로 바뀌게 됩니다. 관세음보살님을 자꾸자꾸 찾으면 밉고 곱고 귀하고 천한 모든 것들을 다 안아주고 쓰다듬어주고 행복하게 해줄 수 있는 큰 품이 저절로 만들어집니다.

특히 꿈에서까지 '관세음보살'을 부를 수 있게 되면 모든 것이 나를 살려주는 선지식이 되고, 나 또한 모든 존재를 살릴 수 있는 사람으로 바뀝니다. 그리고 주위의 모든 존재들이 저절로 화합하고 생기가 넘쳐나게 됩니다.

'대자대비하신 관세음보살님, 저희의 좋고 싫고 밉고 고운 모든 마음을 거두어주소서.'

이렇게 모든 마음을 바치며 관세음보살을 찾으십시오. 그리고는 주고자 하는 마음을 품고 한 걸음씩 더 나아가십시오. 관세음보살을 염하면서 주고자하는 마음으로 살면 참으로 삶이 즐거워집니다. 더우면 더운대로 좋고 추우면 추운대로 좋습니다. 숨을 쉬는 것도 즐겁고 일을 하는 것도 즐겁습니다.

부디 관세음보살을 염하면서 대자대비의 마음을 열어가십시오. 모든 것이 감동이요, 이 자리가 원만·성취·진실로 가득해집니다. 주변의 사람들 한분 한 분이 거룩한 생명으로 다시 태어납니다.

꼭 틈만 나면 '관세음보살'을 부르고 생각하는 관음행자가 되기를 깊이깊이 축원드립니다.

사랑의 이름으로

이상으로 관음신앙 관음기도법에 대한 글을 끝맺습니다. 그러나 이 끝맺음이 관음행자들 삶의 시작이 되면 좋겠습니다. 모든 이들이 관세음보살님의 대자대비에 흠뻑 젖으며 살면 좋겠습니다.

모든 것은 우리에게 달려 있습니다. 깊은 믿음으로 관세음보살께 귀의하여 사랑을 배우고 사랑의 마음을 가꾸고 실천하여, 진정한 행복과 자유를 만끽하며 사느냐 못 사느냐는 오로지 내가 어떻게 하느냐에 달려 있습니다.

감히 청하건대, 맑은 마음으로 귀의하여 관세음보살님과 함께 숨 쉬고 함께 움직여보십시오. 관세음보살님처럼 사랑 그 자체가 되어 살아보십시오. 아니,

사랑의 이름인 '관세음보살'만이라도 부르며 살아보
십시오. 틀림없이 나도 살리고 남도 살리는 크나큰
행복이 언제나 우리들과 함께 하게 될 것입니다.
　나무대자대비관세음보살마하살.

기도 및 영가천도의 지침서

광명진언 기도법 / 일타스님·김현준   신국판 176쪽 6,000원

광명진언 기도를 널리 펴고자 일타스님과 김현준 원장이 함께 저술한 책. 광명진언 속에 새겨진 참의미와 바른 기도법, 빠른 기도성취법 등을 자상하게 설하고, 유형별 기도성취 영험담을 다양하게 수록하였으며, 누구나 보기 쉽도록 큰활자로 발간하였습니다. 광명진언을 외우면 행복과 평화, 영가천도, 소원성취를 이룰 수 있습니다.

생활 속의 기도법 / 일타스님   신국판 160쪽 5,500원

불교계 최대의 베스트셀러! 일상생활에서 누구나 처할 수 있는 여러 가지 상황에 따른 구체적인 기도방법에서부터 특별기도성취법·영가천도기도법·기도할 때 지녀야 할 마음가짐까지, 자상한 문체로 예화를 섞어 쉽고 재미있게 엮었습니다.

기도 / 일타스님   신국판 240쪽 8,000원

총 6장 52편의 다양한 기도 영험담으로 엮어진 이 책을 읽다보면 기도를 통해 틀림없이 부처님의 가피를 입을 수 있음을 확신할 수 있게 되고, 올바른 기도법과 함께 기도성취의 지름길을 알 수 있게 됩니다.

기도성취 백팔문답 / 김현준   신국판 240쪽 8,000원

기도에 대한 정의·기도와 믿음·업장소멸의 방법·꾸준한 기도의 효험·원을 세우는 법·축원법·각종 기도가피와 기도성취의 시기·성취를 위한 하심법下心法 등 기도에 관한 궁금증들을 문답형식으로 자상하게 풀이하였습니다.

참회와 사랑의 기도법 / 김현준   신국판 192쪽 6,500원

총 84가지 문답을 통하여 참회의 정의에서부터 참회기도를 해야하는 까닭, 절을 통한 참회법·염불참회법·주력참회법·가족을 향한 참회법, 기도 축원의 구체적인 내용 및 자비의 기도가 갖는 효과, '백중과 영가천도'등에 대해 아주 상세하게 설명하고 있습니다.

불교의 자녀사랑 기도법 / 김현준   신국판 160쪽 5,500원

사랑하는 자녀들을 가장 잘 사랑할 수 있는 방법을 부처님의 가르침에 의지하여 정립하고 생활화한 책입니다. 이 책의 가르침을 따라 자녀를 사랑하고 기도해보십시오. 우리의 자녀들이 뜻하는 바 소원을 성취하고, 행복과 평화를 누릴 수 있게 될 것입니다. 부록으로 부모님께 효도하여야 하는 까닭과 방법도 수록하였습니다.

참회〈신간〉 / 김현준   4×6판 160쪽 5,000원

참회의 원리와 공덕, 절·염불·주력을 통한 참회, 간단하면서도 효과가 큰 오회참법, 자비축원의 참회, 이참법, 원효대사의 대승육정참회 등을 감동 깊게 엮은 책으로, 참회를 통해 깨달음을 이루고 자유로운 삶과 행복하게 사는 방법 등을 일러주고 있습니다.

법보시를 원하시는 분은 출판사로 연락 주십시오. 할인혜택을 드립니다.
전화 02-587-6612, 582-6612 팩스 02-586-9078

신묘장구대다라니 기도법 / 우룡스님·김현준　　신국판　208쪽　7,000원

신묘장구대다라니를 외우면 생겨나는 가피와 공덕, 기도의 방법과 주의할 점, 우룡스님이 들려주는 14편의 영험담, 대다라니의 근본경전인 『무애대비심다라니경』을 수록하고 있는 이 책을 읽고 자신있게 기도하면 심중소원의 성취와 기적같은 체험도 할 수 있습니다.

기도 성취의 지름길 / 우룡스님　　　　　　4×6판　160쪽　4,500원

가족을 위한 기도와 기도 성취의 원리에 초점을 맞춘 감동적인 기도법문입니다. 제1부 「가족 행복을 위한 기도」에서는 가족을 향한 참회와 절의 필요성, 3배 기도의 큰 영험에 대해 일러주고 있으며, 제2부 「빠른 기도 성취의 길」에서는 믿음과 정성이 뒤따라야 기도 성취를 잘 할 수 있고, 기도의 고비를 잘 넘겨야 능히 행복과 대해탈의 문이 열린다는 것을 많은 이야기를 곁들여 설하고 있습니다.

기도 이야기 / 우룡스님　　　　　　　　　신국판　204쪽　7,000원

"스님, 기도로 소원을 성취할 수 있습니까?" 총 6장 45편의, 참으로 재미있는 기도성취 영험담이 수록된 이 책을 읽고 기도를 하면, 불보살님과 통하는 감응의 길이 열리면서 심중소원을 빨리 성취하게 됩니다. 또한 이야기 끝에 붙인 큰스님의 해설은 기도의 방법을 쉽게 터득할 수 있도록 이끌어줍니다.

영가천도 / 우룡스님　　　　　　　　　　신국판　160쪽　5,500원

영가의 장애를 느끼십니까? 돌아가신 영가를 영가를 제대로 천도해 드리지 못했습니까? 영가천도의 필요성과 기본자세, 염불·독경·사경을 통한 영가천도, 49재, 낙태아 천도 등 영가천도에 관한 궁금증 및 천도의 방법을 우룡스님의 자세한 법문으로 풀어드립니다.

미타신앙·미타기도법 / 김현준　　　　　신국판　160쪽　5,500원

아미타불의 참 모습에서부터 극락에서 누리는 행복, 칭명염불·오회염불·관상염불·천도염불 등의 각종 염불수행법과 함께 임종하는 이를 위한 의식과 49재 기간의 행법 등을 자세히 밝히고 있습니다.

지장신앙·지장기도법 / 김현준　　　　　신국판　192쪽　6,500원

지장신앙 속에는 영가천도뿐만이 아니라 현세에서의 행복과 깨달음, 성불의 비결까지 간직되어 있습니다. 이러한 지장신앙의 여러 측면과 함께 생활 속에서 할 수 있는 지장기도법을 자세히 밝혀놓았습니다.

참회·참회기도법 / 김현준　　　　　　　신국판　160쪽　5,500원

참회의 참된 의미, 절·염불을 통한 참회법, 참회인의 마음가짐, 이참법 등을 영험담들과 함께 감동 깊게 엮은 책으로, 참회를 통해 행복하고 자유로운 삶을 사는 방법을 열어주고 있습니다.

병환과 기도 / 일타스님·김현준　　　　　4×6판　84쪽　2,500원

일타큰스님의 스테디셀러

부드러운 말 한마디 미묘한 향이로다 / 일타스님　　240쪽　8,000원

일타스님 대표 법문집. 삶의 이유, 복된 삶 이루는 방법, 보시와 지계, 도 닦는 법, 지혜성취법 등의 맑고 주옥같은 법문을 수록하여 읽는 이들에게 행복의 세계로 향하는 문을 열어주고 있습니다.

불자의 마음가짐과 수행법 / 일타스님　　신국판　192쪽　6,500원

불자들이 큰 행복과 대자유를 얻기 위해서는 어떠한 마음가짐으로 살아야 하며, 참선·염불·간경·주력의 불교 4대 수행법을 어떻게 닦아야 하는가를 갖가지 비유를 들어 자상하게 설하고 있습니다.

불자의 기본 예절 / 일타스님　　신국판　160쪽　5,500원

불교 예절의 근본이 되는 마음가짐과 말씨, 걸음걸이와 앉음새, 합장법, 절하는 법, 법당에서의 예절, 법문 듣는 법, 목욕·입측법 등 절집안의 생활 예절을 보다 쉽게 접할 수 있도록 많은 이야기를 곁들여 재미있게 엮었습니다.

오계이야기 / 일타스님　　신국판　160쪽　5,500원

살생·투도·사음·망어의 근본 4계에 불음주계를 합한 5계에 대한 법문집. 재미있는 일화를 들어 각 계율의 연원과 지키는 방법, 계율을 범했을 때의 과보 등을 자세히 설했습니다. 복된 불자의 길로 나아가게 하는 불자의 필독서입니다.

윤회와 인과응보 이야기 / 일타스님　　신국판　240쪽　8,000원

"죽음 뒤의 세상, 인간은 과연 윤회하는 존재인가?" 내가 지은 업은 어떻게 전개될 것인가? 이러한 의문의 해답을 일러주고자 총 49가지 이야기로 엮은 이 책을 읽다 보면 윤회와 인과응보에 대한 해답을 명확하게 얻을 수 있게 됩니다.

....

육조단경(덕이본德異本) 증보개정판 / 김현준 역　　4×6배판　208쪽　8,000원

육조 혜능대사께서 설한 선종의 근본 경전으로, 인간의 참된 본성을 보게 하여 마음을 치유하고 깨달음을 열어줍니다. 계속 정독하면 영성이 깨어나고 대자유인이 될 수 있습니다. 증보개정판을 내면서 한글 번역 옆에 한자 원문을 붙여 뜻을 잘 이해할 수 있도록 하였으며, 글씨를 조금 더 크고 뚜렷하게 하여 읽기 좋도록 하였습니다.

선가귀감 / 서산대사 저 김현준 역　　4×6배판　136쪽　6,000원

조선시대 최고의 고승인 서산대사께서 선禪에 대한 다양한 가르침을 중심에 두고 참회·염불·계율·육바라밀·도인의 삶 등을 간절하게 설하여 불자들의 신심과 정진에 큰 도움을 주는 소중한 책입니다. 읽으면 읽을수록 쾌락함과 깊은 맛을 느낄 수 있습니다.　　　　　　　　　　　　(한글 한문 대조본)

경봉·우룡큰스님의 스테디셀러

✿

뭐가 그리 바쁘노(경봉대선사 일화집) / 김현준 엮음

삶! 이렇게 살아라, 좌절에 빠진 이들에게, 일상 속의 스님 모습 등 총 8장 73가지 일화를 담은 이 책 속에는 우리의 정신을 번쩍 깨어나게 하고 새로운 기운을 불러 일으키는 일화들을 비롯하여, 스님께서 제자·시자·신도·수행승들과 함께한 일상 생활 속의 참모습들이 생생하게 묘사되어 있습니다. 4×6판 180쪽 5,000원

참 생명을 찾는 경봉스님 가르침 / 김현준   신국판 192쪽 6,500원

경봉스님의 참 생명을 찾는 공부 방법과 도와 인생의 실체, 이 사바세계를 무대로 삼아 멋있게 사는 법 등을 다양한 이야기와 함께 엮은 책입니다..

도와 함께하는 행복과 성공 / 김현준 엮음   신국판 160쪽 5,500원

경봉대선사께서 행복은 어디에 있고 어디에 깃들며, 어떻게 할 때 성공하는가? 복 짓는 법과 성공에 있어 가장 필요한 것은 무엇인가를 설한 책입니다..

바보가 되거라(경봉스님 일대기)/ 김현준 엮음   신국판 224쪽 7,500원

불교신행의 주춧돌 / 우룡스님   신국판 240쪽 8,000원

신행생활 속에서 자주 겪게 되는 시행착오를 미리 피하고, 올바른 정진을 하여 깨 달음의 세계로 나아가는데 꼭 필요한 마음가짐과 신행방법 등을 자상한 문체와 일화들로 알기 쉽게 엮었습니다.

정성 성誠이 부처입니다 / 우룡스님   신국판 240쪽 8,000원

'정성 성'이 부처요, 모든 것이 부처님 하는 일. 대우주와 하나되는 삶, 마음 단속과 마음 열기, 마음 다스리기, 번뇌와 업장을 비우는 방법 등을 쉽게 일러주고 있습니다.

불자의 행복 찾기 / 우룡스님   신국판 190쪽 6,500원

우룡스님 설법의 결정판. ① 복 받기를 원하거든 ② 보시로 이루는 큰 복 ③ 아상 과 무주상 ④ 행복과 기도의 총 4장으로 나누어져 있는 이 책을 읽다 보면 복 짓 고 복 쌓고 복 받는 방법과 원리를 저절로 터득할 수 있게 됩니다.

신심으로 여는 행복 / 우룡스님   신국판 192쪽 6,500원

믿음과 기도, 신심을 키우는 방법, 신심 속에서 나타나는 가피와 성취, 윤회에 대한 믿음, 불성의 발현과 믿음, 가정과 나를 살리는 실천법 등이 수록되어 있습니다.

불자의 살림살이 / 우룡스님   신국판 160쪽 5,500원

참된 불자의 살림살이가 무엇인지, 특히 가족을 향한 참회와 복 짓는 방법, 평온을 얻고 지혜를 이루는 방법을 쉽고도 일목요연하게 설한 법문집입니다.

불교의 수행법과 나의 체험 / 우룡스님   신국판 160쪽 5,500원

염불 및 주력수행법, 기도를 잘하는 법, 경전공부의 방법, 참선 수행법, 수행과 업 장소멸, 수행정진의 비결 등을 스님의 체험을 예로 들면서 재미있게 엮었습니다.

알기 쉬운 경전 해설서

생활 속의 반야심경 / 김현준   신국판   240쪽   8,000원
공空의 의미, 모든 괴로움의 원인과 괴로움에서 벗어나는 방법, 색즉시공 공즉시색의 참
뜻, 걸림 없고 진실불허한 삶을 이루는 방법 등을 반야심경의 경문을 따라 쉽고 상세하고
재미있게 풀이하고 있습니다.

화엄경 약찬게 풀이 / 김현준   신국판   216쪽   7,000원
불자들이 자주 독송하는 화엄경약찬게! 화엄경약찬게를 그냥 읽으면 참으로 어렵고 무슨 내
용인지 알 수 없지만 이 풀이를 본 다음에 읽으면 약찬게를 명확히 파악할 수 있게 될 뿐 아
니라 화엄경의 내용까지 꿰뚫어 환희심이 샘솟고 대화엄의 세계에서 노닐 수 있게 됩니다.

생활 속의 천수경 (개정판) / 김현준   신국판   240쪽   8,000원
천수관음이 출현하신 까닭, 천수관음을 청하는 법과 가피를 얻는 법, 신묘장구대다라니의
풀이와 공덕, 찬탄의 공덕과 참회성취의 비결, 준제기도 및 주요 진언 속에 깃든 의미, 여래
십대발원문 사홍서원 삼귀의 의미 등을 상세히 풀이하였습니다.

생활 속의 금강경 / 우룡스님   신국판   304쪽   9,000원
금강경의 심오한 내용을 알기 쉽게 풀이하고 일상생활과 접목시켜 강설함으로써 삶의 현
장에서 금강경의 가르침을 능히 응용할 수 있도록 하였고, 감동을 주는 일화들을 많이 삽
입하여 재미를 더해주고 있습니다.

생활 속의 관음경 / 우룡스님   신국판   240쪽   8,000원
관세음보살보문품인 관음경을 통하여 관세음보살의 본질, 일심칭명과 재난 소멸법, 공경
예배와 소원 성취법, 관세음보살을 관하는 법 등에 대해 여러 가지 영험담과 함께 감동적
으로 풀이하고 있습니다.

생활 속의 보왕삼매론 / 김현준   신국판   240쪽   8,000원
『보왕삼매론』을 해설한 이 책은 병고 해탈, 고난 퇴치, 마음공부와 마장 극복, 일의 성취,
참사랑의 원리, 인연 다스리기, 공덕 쌓는 법, 이익과 부귀, 억울함의 승화 등 누구나 인생
살이에서 겪게 되는 장애들을 속 시원하게 뚫어주고 있습니다.

천지팔양신주경 사경 (1책으로 3번 사경)   4×6배판   112쪽   4,500원
옛부터 건축·결혼·출산·사업·죽음 등 평생의 삶 중에서 중요한 때마다 읽고 쓰면 크
게 길하고 이롭고 장수하고 복덕을 갖추게 된다고 전해지고 있습니다.

부모은중경 사경 (1책으로 3번 사경)   4×6배판   112쪽   4,500원
부처님께서는 부모님의 은혜를 새기면서 이 경을 쓰게 되면 그 어떤 행보다 큰 공덕이 생
겨난다고 하였습니다. 정성 들여 사경하면 뜻하는 바가 이루어집니다.

보왕삼매론 사경 (1책으로 50번 사경)   4×6배판   120쪽   4,500원
보왕삼매론을 사경하면 재앙이 소멸됨은 물론이요 생활 속의 걸림돌이 디딤돌로 바뀌고
고난이 사라져 하루하루가 편안해집니다.

보현행원품 한글사경 (1책으로 3번 사경)   4×6배판   120쪽   4,500원
행원품을 사경하면 자리이타의 삶과 업장 참회, 신통·지혜·복덕·자비 등을 빨리 이룰
수 있고 세세생생 불법과 함께하며 보살도를 성취할 수 있습니다.

약사경 한글사경 (1책으로 3번 사경)   4×6배판   112쪽   4,000원
약사경을 사경하면 약사여래의 가피가 저절로 찾아들어, 병환의 쾌차, 집안 평안, 업장소
멸을 비롯한 갖가지 소원을 쉽게 성취할 수 있습니다.

영험 크고 성취 빠른 각종 사경집 (책 크기 4×6배판)

광명진언 사경 (가로쓰기:1080번 사경)　　128쪽　5,000원
광명진언 사경 (세로쓰기:1080번 사경)　　128쪽　5,000원
눈으로 보고 입으로 외우고 손으로 쓰고 마음으로 새기는 광명진언 사경은 크나
큰 성취를 안겨줍니다.

금강경 한글사경 (1책으로 3번 사경)　　144쪽　5,500원
금강경 한문사경 (1책으로 3번 사경)　　144쪽　5,500원
금강경 한문한글사경 (1책으로 1번 사경)　　100쪽　4,000원
요긴하고 으뜸된 경전인 금강경을 사경해 보십시오. 업장소멸과 함께 크나큰 깨
달음과 좋은 일들이 저절로 다가옵니다.

아미타경 한글사경 (1책으로 7번 사경)　　116쪽　4,500원
살아 생전 또는 부모나 가까운 분이 돌아가셨을 때 이 경을 쓰면 극락왕생이 참
으로 가까워집니다.

반야심경 한글사경 (1책으로 50번 사경)　　116쪽　4,500원
반야심경 한문사경 (1책으로 50번 사경)　　116쪽　4,500원
반야심경을 사경하면 호법신장이 '나'를 지켜주고, 공의 도리를 깨달아 평화롭
고 안정된 삶이 함께 합니다.

신묘장구대다라니 사경 (50번 사경)　　116쪽　4,500원
대다라니를 사경하면 관세음보살님과 호법신장들이 '나'와 주위를 지켜주고 소
원성취와 동시에, 행복하고 자비심 가득한 마음을 가질 수 있도록 해줍니다.

천수경 한글사경 (1책으로 7번 사경)　　112쪽　4,500원
천수경을 사경하고 독송하면 천수관음의 가피가 저절로 찾아들어, 업장 및 고난
의 소멸과 갖가지 소원을 쉽게 성취할 수 있습니다.

관음경 한글사경 (1책으로 5번 사경)　　112쪽　4,500원
관음경을 사경하면 늘 행복이 함께하며, 학업성취 · 건강쾌유 · 자녀의 성공 · 경제
문제 등에도 영험이 매우 큽니다.

지장경 한글사경 (1책으로 1번 사경)　　144쪽　5,500원
지장경을 사경하고 독송하면 영가천도는 물론이요, 각종 장애가 저절로 사라지
고 심중의 소원이 성취됩니다.

아미타불 명호사경 (1책으로 5,400번 사경)　　160쪽　6,000원
'나무아미타불'과 '아미타불'을 오회염불법에 따라 외우고 쓰는 특별한 명호사
경집입니다. 집중력을 더하여, 심중 소원 성취에 큰 도움을 줍니다.

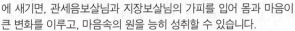
관세음보살 명호사경 (1책으로 5천4백번 사경)
지장보살 명호사경 (1책으로 5천번 사경)　각 권 108쪽　4,500원
'관세음보살'이나 '지장보살'의 명호를 쓰면서 입으로 외우고 마음
에 새기면, 관세음보살님과 지장보살님의 가피를 입어 몸과 마음이
큰 변화를 이루고, 마음속의 원을 능히 성취할 수 있습니다.

많이 찾는 기도 독송용 경전

❀

한글『법화경』과『법화경 한글사경』

불교 최고 경전인 법화경! 이 경을 독송하고 사경해 보십시오.
소원성취는 물론 깨달음과 경제적인 풍요까지 안겨줍니다.

법화경 (독송용) 김현준 역   4×6배판 총22,000원
전3책 제1·2책 176쪽 7,000원 제3책 192쪽 8,000원

법화경 한글사경 김현준 역 4×6배판 총 22,500원
전5책 각권 120쪽 내외 권당 4,500원

지장경 김현준 편역   4×6배판 208쪽 8,000원

이 책은 지장기도를 하는 분들을 위해 ① 지장경을 처음부터 끝까지 1번 독송,
② '나무지장보살'을 천번염송,   ③ 지장보살예찬문을 외우며 158배,
④ '지장보살'천번 염송의 4부로 나누어 특별히 만들었습니다.
지장경 독경 및 지장보살예참과 염불을 할 때, 각 장 앞에 제시된 기도법에 따라
기도를 하면, 영가천도·업장소멸·소원성취·향상된 삶을 이룩할 수 있습니다.

자비도량참법 / 김현준 역   양장본 528쪽 22,000원
참되이 참회하시기를 원하십니까? 자비도량참법 기도를 하면 나의 허물과 죄업의
참회에서 시작하여 부모 스승 친척 등 육도 속을 윤회하는 온 법계 중생의 업장과
무명까지 모두 소멸시켜주며, 자비가 충만해지고 환희심이 넘쳐나게 됩니다.

원각경 / 김현준 편역   4×6배판 192쪽 8,000원
한국불교의 근본 경전인 원각경을 수십 차례 번역·수정·윤문하여 쉽게 이해할 수 있도록 하
였습니다. 한글과 원문을 바로 옆에 두어 대조하며 읽을 수 있습니다.

유마경 / 김현준 역   4×6배판 296쪽 12,000원
보살의 병, 불도란 어떤 것인가? 깨달음의 세계로 들어가는 불이법문, 참된 불국토를 건설하는
방법 등등 매우 소중한 가르침들을 가득 담고 있는 이 경을 읽다보면 마음이 탁 트입니다.

승만경 / 김현준 편역   4×6배판 144쪽 6,000원
여인의 성불 수기와 함께 승만부인의 서원, 정법·번뇌·법신·일승·사성제·자성청정심·여
래장사상 등을 분명히 밝힌 보배로운 경전입니다.(한글 한문 대조본)

보현행원품 / 김현준 편역   4×6배판 112쪽 4,500원
행원품과 예불대참회문을 함께 실어 독경 후 행원품에 근거한 정통 108배를 행할 수 있도록
만들었으며, 독송 방법과 대참회의 의미 등도 상세히 설명하였습니다.

밀린다왕문경 / 김현준 편역   신국판 204쪽 7,000원
그리스 왕인 밀린다와 불교 승려인 나가세나가 인생과 불교에 대해 대론한 것을 정리한 경전.
윤회·업·수행·지혜·해탈 등에 대한 조리정연한 번역이 신심을 더욱 불러일으킵니다.

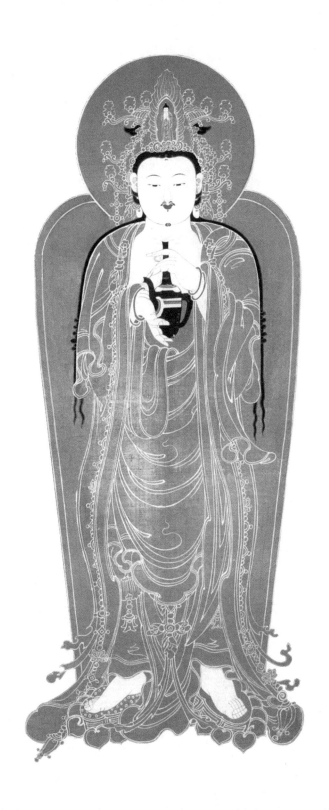